U0459079

菲林百年

邻人眼里的中国

齐一河 ◎ 著

上海三联书店

菲林百年

邻人眼里的中国

凡 例

一，分节为四。第一节 1880 年代 ～ 1911 年。第二节 1911 ～ 1937 年。第三节 1937 ～ 1949 年。第四节 1949 ～ 至今。因考虑相关内容叙述连续性，少数场合并不拘泥年代区分。每节容量不一。部分原因是百年中国题目所规定，部分为图片数量所限制。

二，引用图片。部分源自日文书刊的旧照，较多来自私人旧照。除个别例外（如为显示某处历史演变），已见于国内相关书刊的，原则上不再引用。笔者寡闻，或有重复引用者，涉猎有限，见识或陋，引用或有不慎者，均盼识者指正。为期郑重，引用图片均注明出处。因书版限制，多数图片缩小，故部分图片列出原有尺寸。

三，图片说明。引用原说明文字均用楷体字，以示区别。"按"字以下均为笔者说明。或说明图片背景，或说明摄者简况。

四，引用著书。均注明出处，仅列书名者均排在文字之后，稍加说明者以注释形式列于各节之内。引用著书多为日文原书（有中译者均注明），考虑是在国内或为稀见，或者因有第一手资料，较具说服力。

五，译名处理。力求遵循翻译处理通则。引用原文中"支那"、"满洲"一类名词均仍其旧，并不表示作者同意此类称呼。原文中"中支那"、"北支那"、"广东"等名词则加括号注明中文地名称谓

（如华中、华北、广州）。日文"写真"一词通常译为摄影。本书为避歧义，专用名词如组织（如"日本写真家协会"）、报刊名（如《写真周报》《历史写真》）均沿用写真原词。但以下两者因使用较多，均译为摄影。1)"报道写真"一词译为"报道摄影"。专著《报道写真与战争》也相应译为《报道摄影与战争》。2)《日本写真全集》译为《日本摄影全集》。

六，相关人物。图片涉及历史人物活动，有些人物的活动跨越几个时期，本书亦分节叙述，体现人物与时代互动。人物评价——本书一般为东瀛人物——不易，笔者力求引用严肃史论，然本书非专门的人物评传，或挂一漏万，甚或有欠公允，敬希方家教正。

一点感言

　　近代以来，外国人士留下了众多的中国题材摄影图像，东邻日本的数量最多。近些年来，域外的中国图像，逐渐引起人们关注和研究。按照比较学院化的说法，一般可以归入视觉文化的篮子。不过，涉及日本的较少，长时段的观察分析更少①。与其他国家一样，日本的中国题材的摄影中，专业摄影人的作品只占一小部分。其他图像中有的是研究（比如史迹和建筑），有的是观察，更多的可能是好奇。日本的特点在于，战前的侵华使得摄影路上留下了血腥和残暴。战后，邻人再来，或怀有反省的勇气，或持有平视的目光，或难说反省也难说平视的行走，虽然各各不同，既往的巨大存在与世事的剧烈起伏，让评价不易心平气和。在惯于单线型思维的笔者看来，面对图像，愤怒、感慨和困惑纷至沓来。其实，未尝不是好事。邻人的观察（图像）是他们思绪的外在体现。无论是歧视、无视乃至凶残；无论是温情、偏见、温情夹杂偏见、偏见走向极端；无论是自责、自辩、自满或其他，都可以成为一些人深化审思的前提，也可能成为另一些人自我膨胀的前提。就我们而言，这些图像是观察了解"他者"的线索之一，也可成为我们反躬自省的契机和借鉴。认真，仔细，冷静，从容，从来不是过分的要求。

　　摄影图像，不是也不可能展示历史的全部，文字资料做不到的

---

① 有关资料，较新和较易找到的有《知日·写真》（中信出版社 2014 年 1 月初版）。《视觉》（后易名《文景 Lens》）杂志（如 2014 年 1 月号"东松照明　最后的访谈"）等。

一点感言

事情，图像有时候能做到，有时候也做不到。相机无法做到时时、事事在场。如何取材和编排，摄影者的裁量余地很大。即使剔除"摆拍"或者几乎不加掩饰的"加工"，图片的直观性在图说盛行的今日，有让人们接近历史真相的可能，也有令思索休息的可能。不少情况下，图片附有说明文字，在后人那里，仍可别作新解。时过境迁，对于历史画面，今人的观感难以归一。各种或隐或显的原因，比如今人与当年的不同联系，后代所处的大小环境，个人或群体思路的变或不变，对同一类或同一幅图像会有不同的甚至大相径庭的解读。强调、放大，或者无视、隐匿特定图像的做法屡见不鲜。而如何界定强调或放大，何谓无视或隐匿，又是见仁见智。在解释的开放性和多样性蔚成风气的今日，对于看似一目了然的图片资料，辨析其所具意义时，与辨析历史文字时所遇困难的程度，也许不相上下。

回到邻人的镜头。一百多年来的浩繁图像展现了中国社会的众多层面以及演变。很多情况下，是战争而不是和平使得镜头延伸到从北到南的广大地域，同样是战争使得一些相机在乡间停留下来，有时竟然停留数年。这是不同于欧美人士摄影的特点。图像不是自动生成，眼系心声，看到什么或者想让别人看到什么，可以让同一个背景变为不同的画面（如北京和上海城区），也可以让同一种"解释"进入不同的场景（如抗战时期，在刚被占领的各地县市城墙上，日军官兵高呼万岁的摆拍）。"摄影就是短剑就是毒气弹"的官方

一点感言

画刊呼叫（《写真周报》1938 年 2 月 23 日征集照片公告语，转引自《报道摄影与战争 1930 ～ 1960》206 页，白山真理著，吉川弘文馆 2014 年 10 月初版，以下引用只列书名），提醒过去和现在的人们，在一个时期，摄影实为赤裸裸的战争宣传。自然，战争降下帷幕与销毁底片照片几乎同步同时（参本书第三节）。残存的痕迹让后人的辨识困难重重，也让邻国一些"历史修正主义者"在喧嚣之时，会拿出战时的宣传画刊作为史料，证明没有南京的屠杀。无耻的延续，提醒后人不能够只记住销毁行为本身。

邻人的摄影有别样画面的展示。从 19 世纪留在长崎的丁汝昌肖像照，到 1920 年代北方各地的考古图像，从大同石窟、天龙山石窟、陕西古道……可以排出很长的系列（参第一节）。在战云翻卷的 1931 年，有福原信三的《西湖》影集（参第二节）。学术与侵入的关系常常如影随形——如 1900 年史上首次的紫禁城摄影，离开庚子之役无从谈起。1940 年代龙门石窟与五台山佛地的图像相当完整，但是摄影有日军的全程保护（参第三节）。至于 1949 年以后东瀛摄影人留下的中国图像，似乎还是一个不妨探究又少有探究的大片领域（参第四节）。

颇具意味的是，战争与和平的图像不少出于同一人手。1950 ～ 1970 年代访华摄影人中不乏抗战时期的日军随军记者。有些关注中国社会日常生活的镜头也许会让今日的我们不免感叹。渐行渐远的昔日，

一点感言

一个街区，一处山村或是几处遗址的图像似乎无妨就图论图，然而，对于细节的述说能够全然不动声色吗？或者说，在何种意义、多大程度上可以不动声色？透过图像，能够看见各不相同的摄影者，能不能由此追寻更多——比如他们的活动轨迹？——当年和后来的足迹。历史和现在、外在和主体的关系总是缠绕着前人，也缠绕着今人。理性提示，辨析历史和历史细节的困难并不意味着只能停步嗟叹，或必然陷入此非彼是的困境。

因为以上的缘由，或者不只是以上的缘由，本书不是也无法成为摄影的历史，不是也无法成为历史的图说。如能提供一些图像，作为抚今忆昔的小小参照，则幸莫大焉，善莫大焉。

目 录

1

第一节 风云初起
1880 年代～ 1911 年

作为近代史上的一个悲剧性人物，在普通人心目中，北洋舰队提督丁汝昌也有一定的知名度。但是，对甲午战争以前，他率舰队访问日本长崎事，知者似乎不多。在长崎逗留期间，他曾入照相馆摄影，所摄照片在日本被多次引用，1980 年代被编入《日本摄影全集》，留影之事列入该全集的"日本摄影大事年表"①，怕是研究者也不甚清楚。

长崎是日本江户时期唯一向外开放的窗口。明治维新前后近水楼台，最先引领西洋之风，包括诞生了日本

丁汝昌正是在他的照相馆留影。

---

① 《日本摄影全集》（全 12 集，小学馆 1987 ～ 1988 年刊行）。丁汝昌在上野彦马照相馆留影事见该全集第 12 集 (1988 年初版) 中 "日本摄影年表" 1886 年条。
　中国大陆和台湾刊行的摄影史未见有关丁汝昌长崎留影的记述。参《摄影中国 1860 ～ 1912 年的中国》（台湾雄狮美术杂志编，1979 年版）；《中国摄影史 1940 ～ 1937》（陈申等著，1988 年版）。

甲午战争中中国军队战死者群。出处：《日清战争写真帖》，1895 年刊。

第一家照相馆。店主上野彦马（1838～1904）1862 年开设照相馆，被称为日本商业摄影的始祖之一。丁汝昌正是在他的照相馆留影。这次留影是较早的中国人物摄影之一，尽管摄影是在一水之隔的长崎。不过，在日方的一种说法中，留影似非付之一笑的逸事。

1976 年刊行的《评传 上野彦马——日本最早的职业摄影家》如是说："丁汝昌进入照相馆后，执意要与喜欢的青楼女子一起留影，此人乃长崎名妓福地内桃太郎。上野彦马也想把她摄入镜头，故极力怂恿。但是这一期间，发生了因酗酒导致的清军水兵与日本警察互殴事件①。日后，上野彦马在福地的一幅照片后面写入这样一段话：'福地内桃太郎，清国丁汝昌之妾也，方今遇此事件风闻暗有杀（丁汝昌）之志，应呼日本帝国万岁。'"（同上书，第 187～189 页）②

  黯淡的帷幕早已拉开。1874 年以搜查琉球渔民被杀事为由，西乡从道（1843～1902）率日军 3,600 人大举入侵台湾。是为日本近代史上的首次海外出兵。次年，明治政府出兵琉球，指令琉球王国政府废除对清朝的朝贡册封关系，撤销在福州的琉球馆，贸易业务归于厦门的日本领事馆，使用明治年号。1876 年强行接管琉球的司法与警察权，1879 年 2 月更是宣布废藩置县，任命日本县令，琉球国亡（参《日清战争》，藤村道生著，岩波书店 1973 年初版，中译本上海译文出版社 1981 年第一版）。

  1894 年 8 月 1 日中日双方互致宣战布告，甲午战争（日本史称日清战争）正式开始（实际交战更早）。9 月 17 日黄海海战，日方舰队获得了制海权。10 月 24 日，日军第二军在花园口登陆，11 月

---

① 关于北洋水师 1886 年在长崎酗酒闹事的中文资料，参"痛苦的回忆"文，载《中国的近代化与日本》，汪向荣著，湖南人民出版社 1987 年第一版，第 156～165 页。又参"甲午战败警示中国军人：腐败是毁军亡国第一破坏力"（"中国军网"2014 年 1 月 10 日。作者为济南军区威海军分区司令员丁伟杰）。

  相关日文书籍主要有：1.《摄影的开祖 上野彦马——从摄影看（日本）幕末·明治》，铃木八郎 小泽健治 八幡政男 上野阳一监修（按：日语监修意即主编），产业能率短期大学出版部 1975 年版，限量 2,000 部。2.《评传 上野彦马——日本最早的职业摄影家》，八幡政男著，长崎书房 1976 年初版，武藏野书房 1993 年新版。3.《上野彦马——历史摄影集成》，马场章编，渡边出版 2006 年初版（按：该书收入数枚北洋水兵在上野彦马照相馆的留影）。

  在日文书籍中，丁汝昌长崎摄影时间有 1886 年和 1891 年两种说法。

  甲，《摄影的开祖 上野彦马——从摄影看（日本）幕末·明治》"丁汝昌拍照"一节中写道：此照似为明治 19 年（1986）为修理军舰访日时所摄（同上书第 19 页）。同一作者八幡在《评传 上野彦马——日本最早的职业摄影家》中写道：1886 年 8 月，即北洋舰队第一次访日期间，丁汝昌在长崎留影。已无"似为"字样。又，《日本摄影全集》第 12 集"日本摄影年表"亦持 1886 年说。

  乙，《上野彦马——历史写真集成》编者写道：丁汝昌照片背面有"明治 22 年（1889）10 月 27 日"字样，似可认为是摄影日期，同书又称丁访日是明治 24 年（第 67 页）即 1891 年。

  顺便指出，八幡政男《摄影的开祖 上野彦马》书中一张光绪的成人照片标摄影时间为 1874 年。光绪 1875 年五岁即位，1874 年说之谬不言自明。

② 参《漫步日本摄影史》，饭泽耕太郎等编著，1992 年初版。《日本摄影史概说》，饭泽耕太郎等编著，岩波书店 1999 年初版。《日本摄影全集》第 12 集之"日本摄影年表"，小学馆 1988 年初版。

原说明: 黄海大海战。远处为清国军舰。出处:《日清战争写真帖》。转自《幕末·明治·大正八十年史·第八~第九辑》, 东洋文化协会编, 昭和 9 年 (1936) 初版。

原说明: 占领威海卫刘公岛海军公所, 明治 28 年 (1895) 2 月 17 日。出处同上。

21 日攻占旅顺。1895 年 2 月 12 日北洋舰队投降, 同年 3 月 20 日李鸿章与伊藤博文在日本马关(现名下关)会谈, 4 月 17 日签订合约。剑与火最初交锋的结果是: 1) 中方巨额赔款。2) 割让台湾和辽东半岛。日军于 1895 年 5 月 29 日登陆台湾, 6 月 7 日占台北, 10 月 21

日攻陷台南。11 月 18 日首任台湾"总督"桦山向国内报告"镇定"台湾。宝岛从此开始 50 年的蒙尘历史。而辽东半岛因俄德法三国干涉，日方被迫于 1895 年 4 月 30 日做出全面放弃的决定，也由此种下十年后日俄战争的远因。但对于中国而言，实是前门拒虎，后门进狼。还要拿出库平银 3,000 万两，作为收回辽东半岛的赎金。（参《甲午战争新讲》，戚其章著，中华书局 2009 年 7 月第一版）。

甲午战争期间，日方有数支摄影组随军出征，据战后日本研究，大致情形如下。第一，官方组织。日本大本营组织的写真班（按：摄影组），共 6 名成员，自 1894 年 10 月到 1895 年 6 月随第二军行动，拍摄照片 1,000 张以上。战后刊行《日清战争写真石版》（全二册，陆地测量部 1895 年刊）和《日清战争写真帖》（全十二册，1895 年刊）。第二，民间参与。如住在高崎的摄影师江原、《二六新闻》特派员（按：特派记者）的东京摄影师中田等随军摄影（参《日本摄影全集》第 12 集附录"日本摄影大事年表"，以下引用均略称"大事年表"）。第三，原津和野藩（今岛根县津和野町）藩主龟井兹明伯爵（1861～1896）以个人财力组织的摄影组。该组随日军第一师团行动，战后印行《明治二十七八年战役写真帖》，该影集有两种版本：甲种本为 1895 年呈献日本皇室的私家版，上下两卷（册）本，蛋青贴画版，133 枚。乙种本为珂罗版上下两册本，小川真一制版所 1897 年刊，均为非卖品。龟井并于 1897 年刊布私家版《从军日乘（按：即日志）》。约一百年后的 1992 年，日本的出版社柏书房将写真帖与日记合为一册，以《日清战争从军写真帖》为名公刊。

前述上野彦马积极要求上战场，结果因年龄关系未被批准，他的弟子参加大本营的写真班奔赴前线。成为对照的是，中方——无论是官方还是民间——都未留下任何影像记录。不妨说这是国力，或者说软实力拉开距离的表现之一。后来以图像介绍甲午战事，使用的均为当时日方的记录。

再谈一点龟井兹明。此公有异于时人一面。贵为藩主，却有长达六年的欧洲留学经历：1877年（16岁）到1880年，英国三年；1888年到1991年，德国三年。日后自称"问学之余，好学写真术"。他在《从军日志》中明言随军摄影的目的是"一资军务之参考，一为战史之材料"。龟井在摄影和日志中展现一些客观描述，流露几分悲悯之情，对沿途的风土人情亦有较细致的观察记录。1894年11月日军攻占旅顺后，屠杀军民，史称"旅顺惨案"。龟井在同年11月24日的日志中写道："因我扫除队使役土人（按：当时对中国居民的蔑称）在北方郊野徘徊。见埋葬横死之敌尸，累累不知其数。或脑浆流进，或腹膜露出，或身躯半为焦烬。西风腥吹，冤鬼啾啾，如闻其声。则装写真器摄影其状。"日本研究者指出，由于龟井的伯爵特殊的显贵身份，他个人的努力（照相技术较高）和丰裕的财力，而且摄影和日记均采取私人出版形式，避免了当局严厉的出版检查，具有较高的史料价值 。[①]

日本研究者称，"初见照片时（按：本页下左），眼前浮现泽田教一（1936～1970）1965年摄于南越的著名照片《逃难》（按：获1966年普利兹摄影奖。本页下右）……战争绝非仅是两国士兵间

原说明：躲避兵难的妇女孩子。出处：《明治二十七八年战役写真帖》。原说明：摄影于旅顺北部郊野。富豪在战前即携家财赴远处避难。市区无残留的妇女孩子。但是贫困者虽惧（战）难然而无计可施，父兄或死亡或逃离，日军横溢的市区已无住所，妇人不得不抱着幼儿避难，此景哀痛难耐。

的争斗，而是不断产生难民牺牲者"（"摄影家龟井兹明的视线"，富冈几郎撰，《日清战争从军写真帖》，第 31 页）。

旅顺惨案因龟井的日记多了一份证明。不过，能够避开检查的藩主私人日记并未反映更多真相。近年日本学者的研究称："当时的军夫（按：随军民工）丸木在 1895 年 4 月 23 日的日记写道：'见到同（一住）所的士兵营舍再次有妇女儿童退出'。但查阅前一天步兵第二旅团会报，未必如日记所述那般轻松简单。会报称：'在某队有甚为不便之事，特别亦有（军）阶者（参与），此关联到第一师团失去颜面，师团长阁下亦就此事感到遗憾，后派宪兵巡视各营舍内部。师团长接受报告，直接监督……'事关第一师团的面子，发生包括有军阶者即军官与民工的事件，甚至需要师团长直接督查，当是极大的不祥事端，但是会报并无具体记载。"（《旅顺与南京——日中五十年战争的起源》，一之濑俊也编著，平凡社文库 2007 年初版，第 189 ~ 190 页。按：括号内文字为笔者所加）。换言之，虽然在当地发生了"极大的不祥事端"即重大丑闻，但是时过境迁，已经难以求证。

1900 年前后，义和团之役（按：日方称"北清事变"），兵戎相见又现高潮。八国联军开进北京。各国摄影者的记录成为近代中国图像中的惨痛一页。其中，日军方面的摄影记录规模更大，技术安排更为娴熟。豪华版的专题摄影图集，现今至少能见到两种。

必须提及的是，当时日人长驱直入紫禁城，留下历史上第一次图像记录，从技术层面看可谓相当系统和精致的图像记录，也成为研究故宫历史和建筑的重要图像资料。于此有一位不能不提及的人

---

① 有关龟井兹明研究参《日清战争从军写真帖—伯爵龟井兹明的日记》（柏书房 1992 年 7 月初版）所收日本学者的研究文章。关于旅顺惨案，可参戚其章《甲午战争新论》，中华书局 2009 年 7 月第一版。日方研究有：《日清战争》（藤村道生著，1973 年岩波书店初版，有中译本）及较近的《日清战争》（大谷正著，中公新书 2014 年 10 月初版）等。

《北清事变写真帖》。山本城阳编发，明治 34 年 (1902) 2 月东京刊行，影集印制考究，布脊彩印封面。以下是八国联军之一的日军形象。

原说明：坐在皇帝卧室隔壁的房间。出处：《北清事变写真帖》。

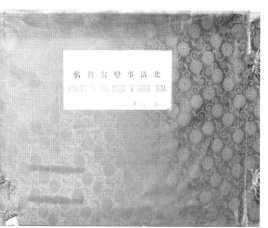

《北清事变写真帖》封面。第五师团司令部摄影。小川一真编辑并于明治35年（1902）4月编印发行。布面精装，全页铜版纸，尺寸28.7×39cm。

原说明：爆破炸开东直门城门的井上工兵少尉及以下人员。出处同上。按：右起第三人，按住军刀的那人显为井上少尉。

士：小川一真（1860～1929）。

小川和前述上野彦马都是日本商业摄影的开山人物。活动地点一西（长崎）一东（东京）。小川与中国的关联与上野相比是有过之而无不及。在当时即被认为是紧跟军队的后面，发了大财。小川敏锐地注意到摄影这一新兴传媒手段的时事性和直观性。他在把"日清战争"战地照片编制成豪华巨册推销同时，还分页零售，薄利多销，取得商业成功。1900年后，他又来到北京，联手日本的建筑史学者，在一时间人去楼空的紫禁城里拍下众多照片。印制时颇下功夫，一律八开铜版纸，其中有不少折叠成三（如在景山上俯拍的紫禁城全景、乾清宫外景、太和门等）或对折（如紫禁城东北角楼等）的大幅全景照片。小川编印的影集除《日清战争写真帖》与《北清事变写真帖》外，还有1)《清国北京皇城写真帖》。东京帝室博物馆（按：今东京国立博物馆前身）编纂，伊东忠太解说，小川一真摄影，同

《清国北京皇城写真帖》封面。　　　　　《北京宫殿建筑装饰》封面。

出版部 1906 年印行，全三册，盒装八开散页，精印 500 部（每册均有编号），日英中文说明[①]。2)《北京宫殿建筑装饰》。东京帝国大学工科大学（按：今东京大学建筑学部前身）编纂，学术报告第七号，伊东忠太解说，日英中文说明。小川一真出版部明治 39 年（1906）12月印制发行，盒装八开散页，精印 1000 部（每册均附编号）。附图80 页，含多幅彩图（包括紫禁城平面图）。3)《支那北京城建筑》，东京帝国博物馆藏版，布脊封面，伊东忠太解说，大正 14 年（1925）建筑工艺出版所初版，次年重印，盒装八开散页，共 102 页。尺寸28.3×37.2cm。

　　以上野彦马为嚆矢，日本人纷纷来华经营照相馆。明治 24 年（1893）上野在上海和香港开设照相馆。上海分店活动于 1891 至1895 年，中文名为上野照相馆，地址在今福州路 16 号。在上海逗留期间，上野拍摄了上海风景，其中上海城墙的照片是少见的史料[②]。他的弟子永清文次郎（1869 ～ 1930）于明治 33 年（1900）到奉天

天安门前。出处：《清国北京皇城写真贴》。

（今沈阳）开照相馆，是该地首家照相馆。后来成为张作霖一家的
专属照相师。据称张作霖和 1930 年以前张学良的照片均出于该照
相馆。③义和团事件期间，在北京经营照相馆的山本讚七郎与同在北
京的柴田常吉拍下多枚摄影，并将其中 11 枚献给宫内省（按：今宫
内厅。参《日本摄影全集》第 12 集"摄影年表"，第 157 页）。近年，

① 《清国北京皇城写真帖》，有学苑出版社 2008 年刊影印本。参徐苏斌、贺美芳撰"解
   读《清国北京皇城写真帖》"（《建筑学报》2013 年第 2 期）。又，2008 年 3 月 29 日～5
   月 18 日东京都写真博物馆举办"紫禁城写真展"，在陈列小川一真 70 枚旧作同时，
   展出中国摄影家侯元超从与小川同一角度拍摄的黑白照片 20 枚（摄于 2005 年）。

② 参《寻访东洋人一近代上海的日本居留民 1868 ～ 1945》第二章第三节 成功创业的长崎
   商界名士。陈组恩著，上海社会科学院出版社 2007 年 1 月第一版。又，《西日本新闻·长
   崎版》2011 年 3 月 4 日报道称，长崎历史文化博物馆收藏上野彦马上海分店所摄老照片
   60 枚。该馆同年举行上野彦马上海分店摄影展。

③ 参私家版《满洲奉天的写真物语（照相馆故事）》，（永清文次郎孙）永清文二著，1993
   年初印，1999 年修订重印。书中称，文次郎因 1930 年病故没有见到昭和时代的满洲是
   好事，他生活的满洲，已经在他死后消失了（同上书第 418 页）。

午门。出处：《清国北京皇城写真帖》。

东四。出处：《支那北京城建筑》。

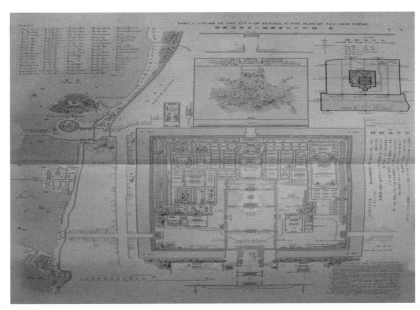

紫禁城略图。出处：《北京宫殿建筑装饰》第 1 图。

朝阳门外。出处：《支那北京城建筑》。

《支那北京城建筑》封面。

琉璃厂。出处:《北清大观》,大正8年(1918)刊。

鼓楼和鼓楼大街。山本讚七郎摄于清末。按:参日本国会图书馆东洋文库官网。又参《北京·山本照相馆——西太后的照相与日本摄影师》,日向康三郎著,雄山阁2015年10月初版。

日本国会图书馆东洋文库在官网公开了山本讚七郎所摄清末北京的照片，并称底版已由山本后人捐赠给该馆，免费供研究者和关心历史问题的人士使用。①

另一家同样冠名山本而在天津活动的照相馆留下了一册名为《北清大观》的大型精装摄影集（编辑与发行：天津紫竹林租界山本写真馆儿岛鹭磨；印刷：东京印刷株式会社，1908 年 1 月发行）。全页铜版纸，尺寸 23×31cm。

原说明：天津英租界白河。出处：《北清大观》。

原说明：北京正阳门被炮弹炸坏痕迹。出处：《北清事变写真帖》。

《北清大观》封面。

---

① 有关山本讚七郎（1855～1943）研究资料参《北京·山本照相馆——西太后的照相与日本摄影师》，日向康三郎著，雄山阁 2015 年 10 月初版。另，同书作者与今人均已注意到并指出，当时日本人之间转让照片刊行并非个别现象，尚无强烈的版权意识。

面对着挟着坚船利炮的外来者的镜头，中国民众的态度如何？不妨关注这张照片。摊贩个个面对镜头，眼神也都相似。摄制者想传达冷漠，或愚昧？今人又会如何观看呢？

历史的演进往往显示出复杂的轨迹。甲午与庚子之役后中日关系的展开同样如此。在中国人留学日本形成高潮的同时，从日本陆军第一批"支那通"的上岸（参《日本陆军与中国——支那通折射的梦想和挫折》，户部良一著，讲谈社 1999 年 10 月初版。中译本郑羽译，社会科学文献出版社 2015 年 10 月初版）再到在上海讨生活的长崎庶民（参《寻访东洋人——近代上海的日本居留民》，陈祖恩著，上海社会科学院 2007 年 1 月第一版），不少日本人以不同的心态，不同的方式进入中国。而在清末自上而下的各种改革中，

原说明：（北京）露天水果店。出处：《北清大观》。

基于"师夷长技"思路下聘请来华的洋教头中，"日本教习"的比例最大（参《日本教习》，汪向荣著，生活·读书·新知三联书店1988年10月第一版，以下引用仅标书名）。似可作为追寻近代中国社会嬗变的直观资料之一。

《天津罪犯习艺所全景》封面。日本考察人士所摄（摄于1911年5月）。

原说明：（于）看守科罪犯受劝惩。出处：《罪犯习艺所全景》。

原说明：幼年罪犯（在）学堂上课。按：黑板上字清晰可辨：今午将修身书札算学各功课全行温习，宜逐字逐句……出处同上。

　　在师法日本的清末民初，向日本派遣留学生和邀聘日本教师来华任教，同为推进新式教育的重要方策。越到后来，清廷重心越转向聘请教员。一是防止留学生成为"乱党"，二是也可减少开支并增加受教人数。从 1901 年开始聘请到 1911 年大批教习回国为止，历时 11 年。据 1909 年 11 月一份来自日方的调查，时任中国各学堂的外籍教员 356 人，其中日籍占 311 人。日籍人数最多的 1905 ～ 1906 年间，估计高达 500 ～ 600 人（参《日本教习》）。

　　与洋学堂的兴起同时，各地逐渐出现一些近代设施，有的冠上外来而又时兴的教习或习艺等新名词。如上页"天津罪犯习艺所"。

　　清末来华考察派遣日本教习事宜的日本人中有一组女性，颇为罕见。此行留下一本影集《东洋杂观》。明治 41 年（1908）初版，大正 13 年（1922）再版。再版说明称，版式改装，并易名《支那杂观》，

影集封面

尺寸 24×31cm，全书 66 页，收图 178 枚。东洋妇人会理事清藤秋子和会员河原虎子（摄影者）明治 38 年（1905）来华，从 8 月 13 日到 12 月 16 日，经"芝罘（烟台）、天津、北京，再经海路到上海，然后溯江而上，游汉口武昌，更横渡洞庭到长沙，在南京逗留后回上海，在上海期间又有苏州杭州之游，12 月 16 日返回东京，费时 126 日，行程 7500 英里以上"（参"影集说明"）。

东洋妇人会与派遣日本教习有关。清藤生于熊本县富家。弟弟幸七郎的发小宫崎滔天是孙中山事业中少有的忠实朋友。幸七郎因此结识孙中山，并赴中国参加有关活动。清藤则通过弟弟结识华妇潘雪箴（一说潘之亡夫是康有为堂弟）。1903 年 9 月在多名上层妇女支持下成立东洋妇女会。清藤就任主事（实际负责人）。中国女性特别是在日华人是发展会员的主要对象，并时有捐款，成为该会活动渐向中国倾斜原因之一。该组织意欲培养女性教员推进中国女子教育，又兼吴汝纶考察日本教育时有言在先，"中国振兴女子教育要雇佣日本教员"。故有上述清藤的中国考察。所访之处几乎都是作为女子教育场所的上层人家宅院、小学和幼儿园。《东洋杂观》正是考察的图像记录。清藤归国后向来日的载泽亲王建言，当务之

原说明：载泽妃子。出处：《东洋杂观》。　　原说明：肃亲王妃子。出处同上。

急是向中国派遣女子教员。明治 39 年（1906）年 4 月，东洋妇人会创立"清国派遣女教员养成所"并开始招生。研究者指出，清藤谈到该事业时有如下的表述，通过参加对中国女子教育"开发诱导"事业，完成日本的"启发中国的大业"。大业的具体内容在"支那的开发诱导及其领土保全等，而这是邻国我大日本的责任"（参《日本教习》，第 65～66 页；另参《围绕建立近代女性教育的日中关

系史研究（近代女子教育の成立をめぐる日中関係史研究）》，董秋艳撰，九州大学学位论文）。

　　潘雪箴女士约故于 1916 年，晚年在横滨的邻居是留学生杨匏安（见第二节）。

　　风尘仆仆于古道之上，而又留下图像记录邻人所在多有，京都大学汉学家桑原骘藏（1871～1931）即是一位。其去世后刊行的《考史游记》（弘文堂书店 1942 年初版），收录了他的留学北京期间的访学手记，即 1907 年秋的"长安之旅"、1908 年春夏之交的"山东河南游记"和 1908 年夏的"东蒙古游记"。作序的宇野哲人（1875～1974）写道，当时在北京的日本人不过 800 人左右，且大

《考史游记》（弘文堂书店 1942 年初版）。

济南千佛寺。出处：《考古游记》。按：据同书记载，1908 年 5 月 3 日游千佛山。

（济南）长春观。出处同左。按：据同书记载，1908 年 5 月 2 日"去西关大庵巷访长春观。长春观称一大庵。祀元长春真人丘处机……今为官立小学堂"。

（济宁）太白楼。出处同上。按：据同书记载，1908 年 5 月 16 日"（中午）一时达南门上之太白楼。上倚城壁，下俯运河。一州形势历历映入双眸。传楼为俱迎唐贺知章、李白觞咏之所。闻楼上多名贤题咏，今锁门不可入内"。

华佗墓碑。

王猛墓。

出处：《考古游记》。按：据同书记载，1907年9月16日"（下午）四时二十五分发西岳庙，时雨渐急。过华阴县。其西关外有'汉神医华佗之墓'碑。更西行二三里有'前秦侍中王公之墓'，即葬前秦之王猛。七时过敷水，着敷水镇，宿公馆劝学所"。

部分寓居东城地区。桑原也住在东城的裱褙胡同。自己则因招聘任讲习，住在西城劈柴胡同。当时东城西城往来极不方便。要从棋盘街、西交民巷迂回，绕过后门外才行。宇野屡到桑原住处，因谈古论今常忘时辰。

《考古游学》1907年4月30日条："晴 行程40里（晚）9时30分达济南府西关外，今胶济铁路终点也。旅客往来，商贾买卖极殷盛。11时投南新街内堀氏公馆。我邦人于济南奉职凡十人。内堀、河濑、秋田、上田、井出五氏在优级师范，桥本氏在高等学堂，别府氏在警察学堂，川上，福井二氏在农林学堂，宅野氏在法政学堂。济济多士，邦人于山东教育界可谓势力亦大也。然考其实际，其势力如日已冲渐仄。山东全省学日语者年来减少，岂非明白证据乎。"日记提供了当时日本教习遍布各地的微观信息。

桑原骘藏自幼身体虚弱，本来欲去欧洲游学，经医生劝告后改为来华。摄影均是他亲力亲为，留下的1907和1908年的图像多为各种史迹。

霍去病墓及墓前石兽。出处：《考古游记》上。按：同书1907年9月30日条记载："霍光墓西方约六里有霍去病墓……有乾隆四十一年所建'汉骠骑将军大司马冠军侯霍公去病墓'碑。其四周散乱石兽数十，然大半已破损矣。"

原说明：一行从北京东直门出发。右起第二人骑马者矢野博士。出处：《考古游学》。按：同书记载，1908年7月16日从北京出发考察蒙古地区。矢野仁一(1872～1970)等人随行。矢野仁一为历史学者。战前提出"中国非国"论，主张满洲（中国东北）不是中国领土。遭到当时傅斯年先生等多位中国学者的严厉批评。

　　甲午战争（"日清战争"）后十年是日俄战争。战场是中国土地。清廷的宣布是"中立"。日俄战争的摄影与十年前相比，数量更多。①

---

① 如《日露战争写真帖》，全二十四卷，小川一真出版部1904～1906年刊。

日俄两国及媒体关心的是战事，作为战场的中国和中国民众的感受不在视线之内。

　　日本摄影名家东松照明（1930～2012）曾经尖锐地指出摄影技术发展与战争的关联。他举出的实例是一战期间日本在山东的摄影。

日俄战争图集封面。

一张进入日本摄影史图录的照片。题为"（日俄战争）大石桥战斗中的战死者"。

这些照片并无任何引人注目的场面。都是远景摄影，场面无非是山峰、草地、海岸线、市镇道路等，似为平凡无奇的风景照片，而且都是两张甚至四张连拍连缀的全景照片。但是，对于军队来说，这些乏味的照片正是作战的重要基础材料。"获知敌军阵地的地形、设施、兵力配置、道路、河川形状的正确情报同时，在空袭或炮击时，也是计算距离的军事地图。"（《日本摄影全集》第 4 集解说，第 136 页）

　　1914 年 11 月 7 日，日本违反国际公法，攻占青岛，16 日宣布军管。从德国手中夺取青岛为日本殖民地。这是近代史上日本三次入侵山东的序幕。占领时期统治机构为青岛守备军司令部。大正 14 年 (1915)5 月刊《青岛占领纪念写真帖》的版权页上 "青岛军司令部认可"字样十分突出。1922 年 12 月 10 日中国政府派员赴青岛，与日军司令部交接，收回青岛，旋成立胶澳商埠督办公署。

《青岛占领纪念写真帖》封面。

原说明：围攻青岛军队搬运大炮。出处：《青岛占领纪念写真帖》。

原题：我步骑兵于龙口。出处同上。按：日本史料载，1914年9月2日日军第二舰队三艘舰只在龙口登陆。

原说明：野炮纵列于（青岛）李村附近。出处同上。

　　随着日本侵华范围的不断扩大和加深，摄影镜头扫向中国各地。除了军队和大牌媒体外，大多数专业摄影者都被卷入。岩波书店出版的《日本的摄影家》40集（一人一集，1998年刊）中前25集为战前开始摄影活动的名家，除去1920年代以前的五集，其余20集中11集的作者参加过侵华时期摄影①。一个国家摄影名家的活动与邻国联系如此紧密，离开这种联系，便不能完整展现他们的职业生涯，这在世界摄影史上绝无仅有。

　　百年过去，到了人们可以比较冷静，也比较容易审视已往的今天，追溯始于丁汝昌长崎摄影的历史，意义超出了摄影史的范围。

① 分别是木村伊兵卫（《日本的摄影家》第8集）、堀野正雄（第9集）、渡边义雄（第13集）、影山光洋（第14集）、小石清（第15集）、土门拳（第16集）、名取洋之助（第18集）、桑原甲子雄（第19集）、滨谷浩（第21集）、山端庸介（第23集）和林忠彦（第25集）。

第二节 大战之前
1911 年～ 1937 年

　　回首 1937 年以前的人和事，不能也无法回避列强横行肆虐的基本背景。正因为如此，对于这一时段东瀛人士的中国摄影，无论是风俗人文，还是包藏祸心，或是较难简单划分的视线，更需要冷静、理性乃至细致的审视。

　　为使叙述保持连续性，容将本节所涉时期中刀枪剑戟的部分（济南五·三惨案、九·一八事变与一·二八事变等）移至第三节腥风血雨（1937 ～ 1945）。

　　广义的风俗人文摄影约可分为两类。第一类，与工作有关。中国历史文化的研究者留下很多图像资料。以知名度而言，首推时任东京大学教授伊东忠太（1867 ～ 1954），一位精力勃勃，有时被称为精力过剩的人物。就对东方古代建筑的热情程度而言，在日本似无出其右者。[①]关

[①] 伊东忠太主编或参与编撰的书籍有：1)《东洋建筑》，伊东忠太等编，十二开本，收100 幅照片，包括东南亚和南亚。2)《支那建筑》，八开两册。3)《清国北京皇城写真帖》八开两册。4)《支那建筑装饰的研究》，八开五册，战后原出版社又出影本。北京学苑出版社刊影印本。题名改为《中国建筑装饰的研究》。伊东忠太过世已经半个世纪，在日本研究界却未被遗忘。2003 年夏季在东京举办"伊东忠太的世界"展览会。伊东被称为"记录狂人"，在中国考察古建筑期间，他积累了大量资料，伊东故后，留下大量未经整理的资料。在日本建筑博物馆，有一组被命名为伊东忠太资料的收藏，其中老照片有 3,038 枚，多是在中国、泰国和缅甸等地留下的。

野贞 (1875～1936)[①]、足立喜六 (1871～1949)、水野清一 (1905～1971)、小野胜年 (1905～1988) 等许多人士考察中的图像也值得关注。第二类，业余爱好。人数较少，化妆品公司资生堂的少东家福原信三 (1867～1948) 似为其代表。

先看第一类。摄影特点是：1) 多是第一次取得的图像资料。如紫禁城内（按：见第一节）、西安及其郊外、各地石窟遗址、五台山与辽金时代佛教建筑等。[②]2) 专业视角。主事者是专业人士，一般

《长安史迹的研究》书脊。

原说明：函谷关内道路，自东向西看。
出处：《长安史迹的研究·图版篇》。

在大学或研究机关工作。摄影人或本身即是研究者（如关野贞助手竹岛卓一），或在专家指导下从事拍摄（如北京山本照相馆山本明）。不少照片到今天已经具有超过考古和建筑史研究的意味。3）摄影理念和技术较为先进。一般为专题摄影，较为系统。

　　《长安史迹的研究》，作者足立喜六。按足立本人的说法，清

---

① 对关野贞的研究近些年引起日本学界重视。2005 年在东京大学举行大型研讨会，提交论文以《关野贞 亚细亚踏查》为名结集问世。该论文集由东京大学出版会刊行。又，相较于伊东，关野似向被视为实务型学者。有关著书有：《支那文化史迹》，全十二册。《山东省汉墓的装饰》1916 年刊。《热河》全四册，1934 年刊等。各书中除对建筑物的具体描述外，有大量当时拍摄的照片。可参徐苏斌、贺美芳"解读关野贞的中国建筑图像记录"，载《中国文化遗产》2014 年第 2 期 。
　　参徐苏斌（天津大学）《日本对中国城市和建筑的研究》，日本鹿岛研究助成 1995 年 7 月刊；中文版，水利电电力出版社 1999 年第一版。《未像的大国——中国》，松原弘典（1970 ～），鹿岛出版会 2012 年初版。

② 部分含有图片的相关研究如下：
　　1）《辽金时代的建筑及其佛像》，三册本（前两册为图版，胶印）。关野贞（图版）竹岛卓一（解说）著，图版篇 1934 ～ 1935 年，解说篇 1944 年 12 月由龙文书局初版。参"读解非文字的文化遗产史学——20 世纪初日本的中国建筑调查历史照片之研究"，徐苏斌、青木信夫、贺美芳著，《南方建筑》2011 年第 2 期。
　　作为关野贞十年中国考察的助手，竹岛卓一（1901 ～ 1992）著有《营造法式的研究》（1970 年刊行）。也留下了大量考察摄影资料，后来竹岛所属东洋文化研究所的资料转归东京大学东洋文化研究所。经该所与东京国立博物馆的共同努力，2014 年公布了竹岛的摄影资料目录，2016 年 1 月 2 日～ 2 月 28 日在国立博物馆，以"中国史迹写真"为题，展出了部分当年摄影资料。摄影展览解说所称，其中包括今已不存的史迹留影（转引自《东方》月刊 2016 年 2 月号第 15 页，日本东方书店刊）。
　　2）《热河》，全四册，关野贞、竹岛卓一编，座右宝刊行会 1934 年初版。
　　3）《支那佛教史迹》，常盘大定、关野贞合著，1926 年刊，收录云冈石窟照片 119 张。
　　4）《响堂山石窟》，水野清一、长广敏雄著，东方文化学院京都研究所（按：战后京大人文科学研究所前身）1937 年刊。
　　5）《龙门石窟的研究》，水野清一、长广敏雄等著，东方文化研究所研究报告第 16 册，座右宝刊行会 1941 年刊行。《云冈石窟——公元五世纪中国北部佛教石窟寺院的考古调查报告》，京都大学人文科学研究所 1951 ～ 1956 年刊行，16 卷 32 册。该书基于 1938 ～ 1944 年京都大学调查队长达七年的云冈调查。摄影数万枚。2006 年同所编 朋友书店刊《云冈石窟·遗物篇》，合计 33 册。又，京大人文所网页已经公开部分历史照片。
　　6）《五台山》，小野胜年、日比野丈夫著，座右宝刊行会 1942 年刊，收有大量拍摄庙会活动的图片。书中称调研中受到日军保护，并对此表示感谢。
　　7）《长安史迹的研究》（分图版篇与研究篇）足立喜六著，东洋文库昭和 18 年 (1943) 刊。图版篇为照片 200 幅，散页形式。鸟影社 2006 年 8 月重印。
　　8）《热河古迹与西藏建筑》，五十岚牧太著，精装大 32 开，洪洋社 1943 年 1 月初版，有大量承德避暑山庄的照片。第一书房 1982 年重印。

原说明：从潼关县城看黄河及山西省的丘陵。出处：《长安史迹的研究·图版篇》。

《云冈石窟》封面，山本明摄影编辑，文求堂大正十年（1921）初版，日英文一册（散页）限印100部，尺寸30×23.5cm。记录了寻访云冈的行程。

原说明：云冈村民。出处：《云冈石窟》。

原说明：在宣统帝师陈宝琛邸。出处：《云冈石窟》。

原说明：前门。出处同上。

原说明: 加窝马匹, 云冈旅行用。出处:《云冈石窟》。

原说明: 云冈石佛寺僧。出处同上。

原说明：云冈村落概景。出处：《云冈石窟》。

末在西安任高等学堂教习期间，正逢桑原骘藏来西安考察（参第一节）。桑原那时的教导促使自己开始了这项研究。此书含研究篇和图版篇两册，图版篇收 170 枚照片，均摄影于 1920 年代。

山本明是第一节所述山本讃七郎之子。讃七郎 1911 年回国，山本明子承父业二十年。1932 年左右将北京的照相馆盘给店员，回东京开业。山本明回日后刊行如下数种图片集：《震旦旧迹图谱·北京及其附近》，山本明写真场 1933 年刊；《震旦旧迹图谱·云冈石窟》，山本明写真场 1933 年刊；《大同石佛寺》木下杢太郎著，山本明摄影，座右宝刊行会 1938 年 12 月重刊本。《震旦旧迹图谱》有伊东忠太序言与山本明"关于颁布《震旦旧迹图谱》"一文。后者称，"不肖居北京多年，因从事摄影，大正 8 年（1919）以降付出相当牺牲拍摄多处旧迹，历来只送给访（问北）京的极少数人，这次归国携回摄影原板一千余种，得到诸位先生的赞同刊印"。（参《北京的山本照相馆》。按：文中括号内文字为笔者所加。）

也许属于题外话的是，1930 年代前后，以梁思成、林徽因、刘敦桢等人为代表的一代英杰，以高度的家国情怀和科学精神，对我

伊东忠太 1902 年在云冈石窟。

山本讚七郎 1919 年拍摄的大同石窟，出处：东洋文库网页。按：从左下方可见，有些石窟与云冈村相接。小野胜年 (1905～1988) 与日比野丈夫 (1914～2007) 著《五台山》（座右宝刊行会 1942年刊，平凡社东洋文科文库 1995 年重印）。

（山西）朔县城内（右）朔县崇福寺（左）。出处：《五台山》。

山中一行在天龙山的摄影，出处：《天龙山石佛集》。

山中商会 1929 年 9 月刊
《天龙山石佛集》封面。

国古建筑文化做了大量的考察和抢救工作。近些年随着不大不小的林徽因热，有些介绍已经越出了学术边墙，这里无须论及。需要指出的是，面对在时间上前后于我国学人，考察范围相当广泛的伊东、关野等人的工作（1893 年冈仓天心来华考察美术时，造访龙门石窟并留下奉先寺卢舍那像照片，被认为是外界对龙门的最早考察）——如 1902 年伊东忠太到云冈考察，向外部世界传达了云冈石窟的存在及其文化史意义；又如关野贞 1908 年与 1918 年两次考察天龙山等活动——当时的中国学者有了越来越强的紧迫感。双方之间曾有过学术交流，侵华战争却使得交流中断。

不过，考察研究与盗掘盗运几近前后相随。几乎所有石窟都惨遭盗掘，有时是明火执仗的抢掠。龙门石窟与天龙山石窟的佛头基本无存。日本研究者所见是"1936年的龙门，用荒废一词即可道尽"。而宾阳洞珍贵浮雕《皇帝礼佛图》与《皇太后礼佛图》被盗凿，"完全是魔鬼作为"（参《龙门石窟研究》，长广敏雄、小野清一著。按：《皇帝礼佛图》与《皇太后礼佛图》现在美国纽约大都会博物馆与密苏里州的纳尔逊－阿特金斯艺术博物馆。）在日本，1927年山中商会举办的大阪美术俱乐部展览会上出现了天龙山的45座石佛头像。美术史家木下杢太郎称"说（这次展览会）是把天龙山石窟搬到了这里也并不过分"（《被出售的佛头》，木下杢太郎著，角川书店1949年版）。山中商会社长山中定次郎（1866～1936)1924和1926年两到天龙山，并留下一份30页的《天龙山石窟踏查记》。文中写道："看到几座被挖下的佛头……不能不对这种残忍的行为感到愤恨。"又写道："（经多方收集），如今渐已收集到数十座美丽的佛头。"一位日本民间研究者对此评道，这篇文章所云确凿无误吗？山中商会真无盗凿掠夺行为吗？到底是怎么一回事呢？（参神奈川佛教文化研究所网页，2016年4月检索）今天能在日本多家博物馆看到这些头像。一说琉璃厂古玩商岳彬（1896～1955)当年经手向山中商会出售佛头造像。而岳本人因盗卖宾阳洞国宝级浮雕事发，1952年被判死缓。（参"岳彬生平和致富诀窍"，载《文物话春秋》，陈重远著，北京出版社1996年10月第一版）。

　　第二类。福原信三（1867～1948)，化妆品厂商资生堂第一任社长（总经理）。与弟弟福原路草（1892～1946)都是自小喜爱摄影，在经营资生堂同时，热心推动日本艺术摄影事业。1942年与摄影家不动建治（1898～1985，后任同盟通信社写真部长，是留下南京大屠杀图像的少数记者之一，详第三节）

《西湖》影集封面。

洗衣少妇。出
处:《西湖》。

等人成立日本艺术写真社。1924 年日本写真家协会成立,福原信三
被推选为首任会长。大正年代(1911 ～ 1926)随着经济发展,日本
出现了摄影热,主流是讲究印制技艺,追求绘画般美感的艺术摄影
(参《报道写真与战争》,第 198 页)。福原提倡"摄影展现(表现)
艺术",被称为日本艺术摄影的奠基人,同时也是业余摄影家——战

断桥远眺。出处同上。

前多是家境丰裕者——的领军人物。1931 年他到中国摄影，留下了
名为《西湖》的摄影集。与他的巴黎摄影作品集一样，属于唯美主
义一路[1]，异于当时不少日人眼中的中国形象。福原过世较早，又不
在同时代以摄影谋生人士的行列，在战后除了《福原信三与福原路
草摄影集》（岩波书店"摄影名家系列"第三集）及资生堂公司印
行的资料外，研究不多。任何时代都会有少数或极少数出于兴趣的
艺术作品，容易为人所忘记，特别是在一个生灵涂炭的时代。后来
的历史叙述似不应放过。

---

[1] 福原回国后，除 1936 年 6 月在东京新宿举办"西湖"作品专场展览外，还在多次展览
会上展出"西湖"作品（参《福原信三作品回顾展图录·附记，福原信三著作展出一览》，
1994 年资生堂画廊刊）。另，福原信三的《巴黎与塞纳河》（1913 年摄影，1922 年刊行）
被认为是他的代表作。豪华版限量印制 300 部（150 部发售），定价 20 日元（参《日本
摄影全集》第 12 集附录"日本摄影史大事记"，第 147 页）。

　　另一位有些异类色彩的是渊上白阳（1889～1960）。日本研究界认为，渊上是日本新兴摄影的一位开拓者。新兴摄影主要受到当时德国摄影潮流的影响（新兴摄影一词源于德文 Neue Foto）。新兴摄影在摄影中追求独特表现，意在同近似绘画风格的艺术摄影告别。与被称为美国"近代摄影之父"斯蒂格里茨（Alfred Stieglitz，1864～1946）倡导的"直观摄影"（Straight Photography）概念相近。在日本摄影史上，新兴摄影往往又与近代摄影同义。

　　渊上与中国的关联密切度远超福原信三。1927 年他在大阪开设白阳写真场（按：照相馆），次年作为满铁总裁室弘报课嘱托（按：公关部特聘职员）移居大连。1929 年经渊上斡旋，秋山辙辅等七名摄影师受邀到满洲，拍摄各地风景民俗。1930 年 6 月和 7 月分别在东京和大阪举行"满洲写真美术展"，展出了他们的作品共 94 幅，其中包括渊上的《列车蓦进》。1934 年以渊上为中心成立"满洲写真作家协会"，同年该协会第一次作品展参加了芝加哥世博会，在美国 23 个城市作巡展。1937 年起主编该协会刊物《光の丘（光之丘）》（参《日本摄影全集》大事记，第 135 页、139 页、141 页）。白阳

《渊上白阳和满洲写真家协会》封面（岩波书店"摄影名家系列"第 6 集，1998 年 10 月初版）。按：封面即是渊上作品《列车蓦进》。

始终有满铁背景。满铁于 1933 ～ 1944 年间刊行《满铁俱乐部》杂志，他是该刊早期负责人。[①]

民国以降，移居中国大陆的日本人日益增加。以北京为例，1901年仅为 172 人，1906 年和 1916 年分别增加到 684 人和 1,101 人，1920年达到 1,490 人。上海增加得更快。最早的记录是 1870 年的 7 人。1901 年为 1,518 人，1906 年 5,825 人，1920 年 14,520 人，1926 年达到 20,594 人（参《上海的日本文化地图》，陈祖恩著，上海锦绣文章出版社 2010 年 4 月第一版）。1902 年沈阳为 42 人（整个东北为 1,902 人），1906 年激增到 1,780 人，1916 年 4,879 人，1937 年更达到 70,073 人（转引自私家刊《满州奉天的写真物语》）。短期来华人士更多。对于中国的了解成为越来越多的需要——当然目的各有不同。直观的摄影集成为重要媒介。早期的摄影图集，内容一般为北京、东南沿海和东北地区。

佐藤三郎写于大阪的序言称："余在北京长年经营（北京）写真通信社，向国内各家报纸提供有关'支那'的照片，至今春搜集

《北支那大观》封面。版权页记载为大正 6 年（1917）第一版，大正 8 年（1919）第八版（按：意为第八次印刷）。按：较差的纸张与清晰度似乎说明摄影图集已经变为一种较为普通的商品。不妨注意的是有四张介绍"支那新剧"（即话剧）的照片。大概是介绍中国早期戏剧活动的照片之一。

原题：支那新剧。出处：《北支那大观》。

[①] 参《异乡的现代主义》，名古屋美术馆编，1994 年每日新闻社刊，该书介绍渊上白阳和"满洲写真家协会"的作品。

《北京大观》封面。版权页记载：佐藤三郎 东裱褙胡同 印制：荒尾写真制版所 大阪市：北京写真通信社（东裱褙胡同）大正八年 (1919) 发行。按：编发在中国，印制在日本是当时日系影集制作的一般方式。

原说明：八大胡同。出处：《北京大观》。按：可见挂有名为周翠兰、毛喜翠的招牌。

的照片已达五千多枚。今夏在同好相劝下，精选三百多页成此书。封面图案设计由留学东京都高等工业学校图案科，现为北京高等工业学校的韩栋教授制作，解说由《新支那报》记者黑根扫叶书写。"黑根真名祥作，号扫叶，属于当时"支那通"的一员，也是京剧迷。著有《支那芝居案内》（又名"现代支那剧"）(1919 年 11 月刊，自办发行)，《支那剧精通》（北京东亚公司 1921 年 1 月刊，相当于前书下卷)。北京沦陷后，曾任职"新支那"社，兼《日华实业研究》北京支局长。大阪朝日新闻驻北京特派员。汪精卫附逆后的两本著述均与黑根有关。《双照楼诗词集》由黑根在北京刊行。《日本と携へて》（携手日本）日文版（《朝日新闻》1941 年刊）由黑根翻译。（参"《日华之实业》解说·目录"，广川佐保撰，《环东亚研究》第 9 号，2015 年 3 月刊）。

1920 ～ 1930 年代，来北京的日本人也留下一些私人摄影。如在影集封面钢笔书写"华北水果业考察"人士的照片。

与京津地区的摄影制作不同，1920 年代设在大连的亚东印画社（地址在大连淡路町，今安乐街。以下简称亚东社）与亚细亚写

原说明：西单附近的鲜果庄 昭和 10(1936) 年 11 月 12 日。出处：日本私人旧影集。

真大观社（地址在大连东公园町 70 号，今鲁迅路。以下简称亚细亚社）是系列中国摄影图片的操盘手。战前日本在华以民间机构名义活动的团体中，负有收集和分析情报的任务是常态（著名者如满铁调查部）。近年日本摄影史研究中已经注意到以上两家图片社。①亚细亚社在 1930 年发售的第 6 辑第 1 回影集（总第 61 回）末页的"编辑室"栏称："来函照登。（我社）一名会员告知，同业者亚东印画社上月将自存的二千数百枚底片以 6,000 日元价格卖给了满铁本社情报课。"似在暗示对方经营不佳。亚东社与亚细亚社在 20 世纪 20 ～ 30 年代发售过大量中国自然和人文风景图片，内容囊括了中国全境，包括当时不易进入的西藏、云南等地。两社编发形式基本

①《异乡的现代主义——满洲摄影全史》，竹叶丈编著，国书刊行会 2017 年 4 月初版。该书在对摄影史书写中，较为注意时代背景，时代变迁与作者的互动关系，对日本殖民地经营及其对摄影的影响有理性的分析。该书述及亚东印画协会与樱井一郎（1893 ～ 1928）的关系。樱井在 1915 年初到大连。1923 年 5 月再次来到直到 1928 年客死异乡。樱井自称"以摄影传达满蒙的真相"为职志，一直从事摄影活动。1923 年 6 月建立"满蒙印画协会"，并在 1926 年 1 月改为"亚东印画协会"。

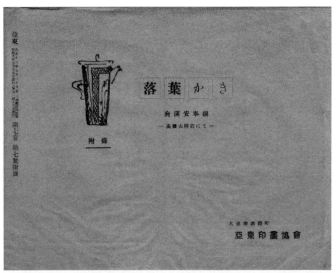

上为信封。原说明：扫落叶——南满安奉线（按：安东今丹东，奉天今沈阳，即丹东至沈阳铁路）。左上和右下为出版说明：昭和五年（1931）七月十五日发行　每月十五日发行　亚东第七卷第七号附录。下为内附赠送照片，用一般厚纸而非使用胶印纸印制。

系列标题：长沙及其附近，亚东社印第 71 回第 8 张 "贾太傅故宅"。

原说明：大明湖，原图说明文字下未表示序号。出处：亚东社。

相同，也有若干差异。1) 制作形式。注重营销，有单页（明信片形式）、专题影集和系列专题影集等多种形式。采取当时出版界开始流行的预订方式，每月向订户寄发照片。亚东社在发行和宣传方面颇下功夫。发售影集时附一枚信封，外印发行说明，内附一张赠送照片，实为软性广告。2) 图文并举，图片旁附简要文字说明。3) 一般

原题：济南趵突泉。无序号，出处：亚东印画社。

原题：济南趵突泉。出处：《亚细亚大观》第 59 回编号 587。按：同为趵突泉，画面稍不同。

采取按地区分类方式编印。亚细亚社在照片下部注明本社社名、系列编号，多数注明摄影时间。亚东社照片有注明序号者如"长沙及其附近"，也有无序号者，如"大明湖"，左侧原图说明文字下未表示序号。4）尺寸统一。均为明信片式样，胶版印制。如"大明湖"衬纸尺寸 19.8×26.3cm，照片尺寸 11×15.3cm。图片一般清晰度较高。

系列影集。以《亚细亚大观》第五、第六辑为例做具体说明。合订本，黑色皮质封面封底。摄影时间为 1927～1929 年。约 1928 年 8 月至 1929 年 12 月发售。尺寸 20.7×28cm。每月发行一次，每十二回即满一年合为一辑。每回收照片 10 枚。除照片旁附有说明外，还有背景介绍短文，多为相关地区介绍。撰文者均为日本人。如山

《亚细亚大观》影集封面 。

东部分为马场春吉（按：此人久居山东，也是1942刊介绍孔孟旧地的日文版《圣迹图》图册编辑）；也有化名者，如62回附录中的济南赤霞山房主人及末页编辑室栏作者署名黑潮生。摄影者均为该社的岛崎役治（以下简称岛崎）。此人常在附录中撰文介绍采访和摄影经历。

目录一览：第51回（第五辑第三回），原题：夏日三峡。照片均署1927年摄影。52回（同第四回），原题：庐山。署1927年摄影。第53回（同第五回），原题：吉（林）敦（化）线。摄影指导：鸟居龙藏。署1928年摄影。第54回（同第六回），原题：吉（林市）会（宁，时为日本殖民地，今朝鲜境内）线及其附近。署1928年8月摄影。第55回（同第七回），原题：昌黎及山海关。署1928年摄影。第56回（同第八回），原题：山海关及锦州。照片均署1928年摄影。1929年1月刊行。第57回（同第九回），原题：成都及其附近。摄影未署时间（附录岛崎文称1928年5月2日抵成都开始摄影）。第58回（同第十回），上海及其附近（按：含苏杭）。未署摄影时间。编辑室栏署名黑潮生文称，本社同人岛崎2月4日到山东各地摄影，18日归来。第59回（同第十一回），济南。署1929年摄影。第60回（同第十二回），济南之二；署1929年摄影。第61回（第六辑第一回），原题：济南之三（玉函山与龙洞山），署1929年4月摄影。附录岛崎文称4月中旬至五月上旬再访济南摄影。"受到支那方面高官盛情接待，获向导与护兵，顺利完成泰山与曲阜摄影。"第62回（同第二回），原题：青州。署1929年摄影。附录岛崎文称2月21日下午从济南乘火车当晚抵达青州。次日到临淄，逗留二日后23日再返回青州。23日与24日在青州摄影。第63回（同第三回），原题：泰山。署1929年摄影。附录岛崎文称同年5月摄影。第64回（同第四回），原题：泰山与泰安。署1929年摄影。第65回（同第五回），原题：曲阜之一。署1929年摄影。第66回（同第七回），

原题：博山城某城郊村落。原说明：三十年前，被德国人里黑特·波恩评为山东第一工业城市的博山，今天仍是顶呱呱的工业都市。生产煤炭和石灰，还出产玻璃与陶瓷。附近较大的村落，家家从事烧窑。各个村落的煤烟证明四万人口的博山的繁盛。出处：第66回。

原题：陶土粉碎作业。原说明：博山附近的陶土与煤炭几乎取之不尽。因此陶业自古以来驰名山东一带也就理所当然。把从附近采来的陶土放入粉碎槽里，用牛车拉动石滚子碾压粉碎。三千年的方法延续至今，这也是支那的一种形象。出处：第66回。

原题：齐鲁故地（博山附近）。署1929年摄影。第66回（按：原文如此。同第六回），原题：曲阜之二。署1929年摄影。

　　《亚细亚大观》的编辑姿态。该册扉页说明称，《亚细亚大观》供天皇和皇后陛下"睿览"，并附有"辱承下列名士，名誉赞助员

原题：早春的孝妇河。原说明：孝妇河从（博山）的涌泉寺流出，流传着孝妇的故事。流经城南奔向东面。南关有一座石桥，虽不久远却显得典雅，虽难说精巧却显得端正。与清水、老树相伴，真是一道难忘的风景。与河水相映成趣，在这一带较为少见。博山病院的白字不如没有的好。出处：《亚细亚大观》第16回。

原题：齐鲁会盟故地（淄川附近）。原说明：（前略）相邻又并立称霸的齐鲁两国在此龙口庄聚会结盟，国破山河在。会盟城池的门外，二千年后的今日依然是热闹的集市。出处同上，1929年摄影。

原题：秦叔宝故居（济南）。原说明：……被称为在外城名胜五龙潭内的故宅。今为山东医院所在地。两株古柳是能讲述秦将军当年仅存之物。出处同上，1929年摄影。

亚细亚写真大观

日俄实战印画

及评议员的赞助"名单。其中有时任总理大臣田中义一、陆军大臣、满铁总裁等人，还有几位学者如白鸟库吉、鸟居龙藏等人。摄影者岛崎在第54回有署名短文"吉会铁道与间岛问题"，异于其他专谈史地文章，殖民主义气味浓厚。谈济南文多次称赞1928年济南惨案中的日军表现。这在当年日媒中是普遍的表现方式。亚细亚社在经营上注重与军方的合作。与"亚细亚写真大观"系列同时，制发经销姊妹篇"日俄实战印画"系列。在关东军司令部和旅顺要塞司令部后援下，同样采取每月发行的方式，一年完成。第60回附录称1929年4月首发后得到关东军军官们的热烈欢迎。又如将未便采用的照片编成"特辑印画"销售，如"地狱极乐"（按：金县天斋庙的神像）、"云冈石窟"、"西藏的佛画与佛像"、"支那戏剧与满洲风俗"等。再如把影响面推向国内。第58回（同第十回）编辑室栏称，1929年2月16日至25日该社在大阪松阪屋（百货商店）三楼举办"支那趣味展览会"，每日有数千参观者，盛况空前。

以长江流域为着眼点的摄影多为大型影集。如《极东大观》（按：意即远东）、《支那大观》、《长江大观》和《长江风景》等。

《支那大观·第一部·中部支那》，精装大型开本。大正9年(1920)8月上海家庭写真会印行，尺寸26×37cm。摄影兼发行：金

原题：闵子骞祠（济南附近）。1929 年摄。出处：《亚细亚大观》。

原题：李攀龙墓前（济南附近）。1929 年摄。出处：《亚细亚大观》。

《极东大观》封面。极东通
信社（地址，东京丸之内）编
印，大正 8 年 (1919)11 月初
版，次年 1 月增订二版。一
册本金口精装，全部铜版纸，
日英文，图版 157 枚，尺寸
27×37cm。有多幅对折连张
大型全景照片（西湖、武汉、
庐山、长沙和紫禁城全景）。
按：2012 年 3 月日本国会图
书馆官网公开了该书全部文
字和照片（共 402 页）。笔者
2016 年 9 月 9 日检索。

原说明：上海外滩。出处：《极
东大观》。

原说明：杭州苏小小墓。
出处：《极东大观》。

原说明：镇江甘露寺。
出处同上。

原说明：外滩及公园。出处：《支那大观》。

原说明：上海吴淞港。出处：《极东大观》。

原说明：上海法国公园（按：今复兴公园）。出处：《极东大观》。

丸健二（上海北四川路长乐里十六号）。珂罗版印刷所：河野写真（东京神田区）。发行所：上海家庭摄影会（北四川路长乐里十六号）。收有上海外滩和汉口的全景照片。

《长江大观》，山根倬三摄影兼发行，1916 年博文馆印刷所版，1917 年东方时论社版，收长江沿岸各类风景照片 136 幅。尺寸 27×37cm。有 1974 年巧美堂重印版。[1] 重印时原作者尚在世，书重印版序言。

喜欢电影的朋友多能说出《罗生门》的名字，或还记得男主角

---

[1] 重印者东则正（1886～1976），早稻田大学毕业后进入大东汽船公司，并进入中国，后转任时事新报特派员，与宋教仁、孙中山、黄兴和蒋介石等人均有交往。大正 5 年（1916）与中野正刚等设立东方会，刊行《东方时论》杂志。大正 8 年（1919）离开该会转入实业界。战后在故乡京都度过余生（资料据"维基百科·日文"等）。

菲林百年
邻人眼里的中国

《长江风景》，日清
汽船株式会社大正4
年(1915)12月印发，
非卖品。

原题：西湖全景。出处《长
江风景》。按：清末民初
的西湖，可见雷锋塔。

原题：长沙江岸。出处同上。

原题: 南京秦淮河。出处:《长江风景》。

原题: 南京贡院。出处同上。

原题：安徽采石李太白投江遗迹太白庙。出处：《长江风景》。

原题：乌江项王战死遗迹霸王庙。出处同上。

原题：日清汽船株式会社凤阳丸总吨数3,977(吨)。出处同上。按：到此方知，这本非卖品是公司宣传品。外国公司可以在中国的内河经营客货运输。

是三船敏郎（1920～1997）。《每日画报》1987年11月8日号刊登三船访华的报道。报道称，三船不愿多谈往日经历，独自出门在外转了一圈，回到宾馆后说，没有找到。后来才知道他在寻找三船照相馆的原址。那是他父亲当年的产业。贸易商三船秋香（真名：德造，秋田县人）1900年到天津，后到营口，日俄战争时随军拍摄战况与地形。第一次世界大战后到青岛开设了三船写真馆（当时地名：青岛深山町11番地。按：今河南路南段）。后为青岛最大的照相馆。以后又在大连新开一家。并成为日军指定商家（参《日清日俄战争与写真报道》，井上祐子著，吉川弘文馆2012年7月初版）。

三船秋香似乎长袖善舞，除了贸易业外，编印各种面向日本国内的影集。

了解当时日本照相行业的人士称，在照相尚属奢侈消费的年代，

每日画报封面。　　　　　　　　《山东大观》封面，精装胶印，三船写真馆大正 6 年 (1917) 刊行。

济南火车站。出处：《山东大观》。按：约摄于 1917 年前。

"有士兵之处，必有照相需要"。军人是最佳顾客。如在出征前，军人如同倾盆大雨般涌入照相馆。照相馆往往开在军队驻地附近（《满洲奉天的写真物语》第二章，永清文二著，1993 年初印，1999 年修

青岛栈桥。出处:《山东大观》。

青岛海水浴场。出处:《山东大观》。

《满洲风景写真帖》封面，大正 5 年 (1916)5 月三船写真馆刊行。该影集末页是自己的影集广告。已刊影集达 28 种之多，其中有 10 种是日军出征纪念写真帖。

订重印）。

　　《南支风俗写真帐》，布质精装封面，尺寸 25×30cm。香港南支风俗写真协会刊。形式略同于亚东通讯社，如所有照片均附文字说明。采用当时少见的粘贴照片形式，发行量应该不会很多。无版权页，从内容均为陈济棠主持省政时期推测，当是 1936 年前刊行。

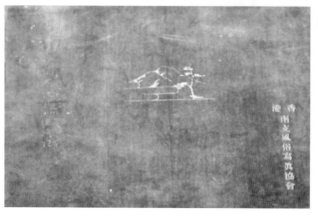

《南支风俗写真帐》封面。

原说明：粤剧。西堤大新百货店不分昼夜极受欢迎的新派粤剧《为情死之累》的高潮一幕。立于中央的是人气女星刘彩雁。出处：《南支风俗写真帐》。

原说明：……现在是汉界楚河，两军对峙。蒋胜冯败吗？山雨欲来风满楼的光景。顺便提及，据排名表，粤人陈树春为支那一流著名棋手。按：介绍孩童对弈的几行文字，也不忘"评论"一下中国时政。出处同上。

内容几乎都为广州市的风土人情。

　　同样在广州逗留，同为日本人，也有关注其他方面并留下照片者。身为满铁调查部（其时名调查课）北京公所研究员的伊藤武雄

原说明：茶楼。早上醒来吃了杨子（按：疑杨梅）先上茶楼。调停纠纷也好，谈买卖也好，都要到茶楼。在报纸一度被禁时期，广州商人秘而不宣进货价格，须从茶楼店员口中打听大概的行情，茶楼也是必不可少的存在。如今茶楼又成为吸毒民众的依靠而生意兴隆。出处：《南支风俗写真帐》。

原说明：为将支那人极其简陋的生活模样与日本人比较，且瞥一眼他们的厨房（？）。上列左起，菜板和菜刀、铁锅、陶罐、两种砂锅。下列左起：薪柴、劈柴刀、鱼篓、水桶、洗碗盆、椰子水勺、炭炉三个，共十四种。说白了一句话，远不及（日本）贫苦中学生的自炊炊具的简陋家当。当然对在不像是厨房的屋内一角，短时间就能做成五六口人饭的支那女人，佩服不已。出处：《南支风俗写真帐》。

原说明：五仙观。按：道教名观，市级文物。后殿被称为广州市现存最完整的明代建筑（参《广州市文物志》，岭南美术出版社1990年版）。出处同上。

原说明：（广州）贫民窟的惨状。出处：《南支风俗写真帐》。

原说明：韩文公（韩愈）祠。位于潮州韩山。
苏轼碑因兵燹已倾圮。出处同上。

原说明：（韩文公祠内）韩文公像。出处同上。

原说明：以民主政策为标榜的蒋介石在美国的援助下，取得了北部战争的胜利（按：应指蒋冯阎大战）。乘势通过国民会议确立自己的地位，并对英国的代表胡汉民按上种种罪名对其软禁。自惹麻烦。广东方面引起震动。……陈济棠向蒋介石发出了最后通牒。按：自称风俗写真协会的人士对时政问题，倒是相当关心。

（1895〜1984）1926 年 3〜5 月来广州考察时，带着数份介绍信。如国民党北方党部秘书长于树德写给广东政府农工部长林祖涵（林伯渠）的，以及时任国民党中组部秘书杨匏安（1896〜1931）的（按：伊藤武雄回忆录作蒋介石秘书）。另一份是铃江言一（1895〜1945）写给省港罢工委员会委员长苏兆征（1885〜1929，与杨匏安都长眠于上海龙华烈士陵园）的。苏兆征见到伊藤时，第一句话就是，铃江言一现在好吗？次日，苏兆征举行午餐会，介绍了包括刘少奇在内的中华全国总工会的主要干部。刘少奇邀请伊藤旁听第二天全总干部会议，次日（按：1926 年 3 月 20 日）因发生中山舰事件未果。

伊藤武雄 1920 年东京大学（同学有岸信介）毕业后到大连，进入满铁。1921 年 10 月被满铁调查部派驻北京，在北京任职五年。按他写于战后的回忆，在北京期间"与北京政府的官员，民间所谓亲日中国人有交往，但和他们未能成为友人。……我最早结识的中国朋友是李大钊"。上任不久，伊藤即持吉野作造的介绍信到北京

中华全国总工会。

国民党中执会所在地。按：
与上图均为 1926 年考察广
州时期，伊藤本人所摄。
转引自《黄龙与东风》，
佐藤武雄著，国际日本学
会 1964 年初版。

大学图书馆拜访李大钊。李大钊的第一句话是，吉野先生还好吧？我是他当年在天津的学生。（按：吉野作造 1906～1909 年任天津法政学堂教习）"以后我经常走访前门外石驸马大街他简朴的住家。"（《我的满铁生涯》，伊藤武雄著，劲草书房 1964 年初版）

伊藤武雄 1924 年 7 月在《北京满铁月报》刊"支那に於ける新闻発达小史"文，增稿后由满铁东亚经济调查局再出单行本，后由蒋国珍译为《中国新闻发达史》，成为第一本中国新闻史译著，也是第一本中国新闻通史（"沟通　东亚中国新闻史研究第一人——《中国新闻发达史》译者蒋国珍初考"，虞文俊文，载《新闻界》2015 年 15 期）。

铃江也许是一位奇人。日本学者称他是与早年"中共组织核心唯一有密切关系的日本人"。1919 年 3 月从东京来到北京。不久因旁听北大讲课等缘故，认识了李大钊、施洋、陈翰笙等人。后又结识定居北京的中江丑吉（详第三节）和伊藤武雄，并成为京剧迷和齐白石的友人。1924 年梅兰芳访日公演，铃江特意跟随回日。1927 年 5 月 19 日泛太平洋地区工会大会在武汉举行，铃江言一以中国顺直地区代表身份（化名王子言）参加并做大会发言。5 月 21 日到长沙时恰逢"马日事变"，游泳过湘江幸免于难。1931 年日本改造社出版铃江所著之《孙文传》（化名王枢之）。曾两次以共产国际代表身份到东京。1934 年经中江丑吉努力，通过吉田茂（按：中江姐夫的哥哥，战后任日本

铃江言一于上海街头，约摄于 1928 年末。
按：转引自《铃江言一传》。

首相）关系，成为外务省文化事业部研究生（按：旁听生），1937年进入满铁任"嘱托"（按：特聘职员。参《铃江言一传》，卫藤沈吉、许淑真著，东京大学出版会1984年4月初版）。

　　伊藤武雄的回忆是："（铃江）奔走于中国革命运动，他向我讲述了五卅运动前后的亲身体验。在考察青岛纺织工人罢工时，衣衫褴褛的中年工人拉住自己问道：'听说日本实施了普选，天皇许可吗，贵族赞成吗？看了日本来的报刊，说人们分别支持第二国际和第三国际……'铃江在那时结识了最早的中国工人朋友苏兆征。以后陆续结识了不少中国朋友。不过有意思的是，他最终没有进入（中国的）日本人社会。只有中江丑吉一个人称他是'北京日本人中唯一的友人'。两人结下深厚的友情，中江终生鼓励铃江研究中国革命，一直帮助铃江通读《资本论》。"（《我的满铁生涯》）

　　《铃江言一传》作者卫藤沈吉1983年4月30日在北京采访了张友渔先生（1898～1992）。张先生说，李大钊等人被捕后，北京市委重建。重建的市委机关设于崇文门盔甲厂，虽在邻接治外法权之地东交民巷的保护地区，但仍遭到张作霖部的搜捕。张先生经过老家山西人脉等多种关系获得保释。出狱不久又一次重建市委。在活动期间通过中共秘密党员胡鄂公（1884～1951）认识了铃江，后经铃江介绍住进中江丑吉家前院的小屋。时常能看见中江，很少见到铃江。但是都没有交谈。因为自己知晓铃江属于中共中央特科，按当时地下组织规定，系统不同必须"视而不见"（《铃江言一传》）。有两件近似逸闻的往事。1）卫藤沈吉1961年9月12日采访了锅山贞亲（1901～1979）。锅山当年作为太平洋工会组织负责人常驻莫斯科。当锅山获知代表王之言即是铃江言一后，一次当面问铃江，你会说汉语吗？铃江笑着回答，只要大声怒吼式地念下去就行了（《铃江言一传》第四章）。2）杨匏安留学日本时住在横滨，邻居是康有为堂弟媳潘雪箴女士（见第一节），两人颇有交往，彼此吟诗唱和。

原说明: 北京城墙(禁止中国人攀登),东交民巷(公使馆区域)美军兵营与城墙上的堡垒。
按: 伊藤武雄 1924 年摄。转引自《黄龙与东风》。

杨曾代患病的潘授课(潘 1916 年病逝)。不久后的 1916 年冬杨回国,以后潘女儿康景昭亦回国。杨曾在后者任校长的广州道根女校任教,讲授诗词。

风云时代的风云儿女有时候与国籍无关。逝者已矣,后人也许会更加放宽回望的视线。

第三节 腥风血雨
1937 年～ 1945 年

　　抗日战争是中国近代史上的惨烈一章。

　　战时日本的媒体摄影必须听命于政府，尤其是军方的管制，包括宣传指令和照片检查。稍有违碍便会被盖上"不许可"的大章打入冷宫。因此，很难指望战时公开的摄影图像可以直接用来证明暴行与不义。另一方面，摄影图像既然不能回避战争，客观上也就很难完全成为赞歌。在后人那里，仍然可以做出分析，揭示丑恶。私人摄影无关发表，摄影角度不完全与御用摄影一致。但是同处于严酷的战时环境，包括"军事邮政"规定在内的各种制度对邮件往来严格检查。不过，百密一疏，部队换防回国、日本投降等因素使得部分照片流回国内，给后人提供了辨析史实的可能。至于那些在战后重见天日的"不许可"照片，则在一定程度上成为罪恶的证据。

　　战后日本社会，一直存在反省和揭露战争暴行，探究战争缘由的努力。同时，为当年战争辩解乃至张目的动向也从未绝迹。在国内外诸多因素的作用下，反省与张目之间有时会出现强弱易位。比如对于南京大屠杀的论辩，本在 1990 年代初期已经结束，形成学界的共识，也成为相当的社会共识。但是在右翼鼓噪等非学术因素影响下，1990 年代后期重又成为争辩对象（参《南京事件争论史》，笠原十九司著，平凡社 2007 年 12 月初版，中译本社会科学文献出版社 2011 年 5 月第一版）。因此，审思各类老照片以及相关的言行，也就有了超出一般视觉文化史的意义。

　　战时中国摄影，可分为四类。第一类，政府与军方的宣传摄影。

《支那事变写真纪念帖》封面，尺寸 30.2×21.5cm。

原说明：上海海军特别陆战队本部全景（按：原建筑仍在）。出处：《支那事变纪念写真帖》。

原说明：杨树浦大火。出处同上。

第二类，各种媒体的宣传图片报道，形式多为各类画报。第三类，专业作者的摄影。第四类为私人（含日军官兵与其他民间人士）的摄影。按发表时期又可分为战时刊行与战后披露两类。

第一类直接出于政府与军方的宣传。如《支那事变纪念写真帖——昭和12年7月～14年7月》，海军省1940年1月编。内文称所有图片与文字均禁止转载。

1937年7月7日卢沟桥枪声响起，8月13日上海又成战场。

"八·一三，日寇在上海打了仗，江南国土都沦亡。"这是京剧《沙家浜》的一段唱词，耳熟能详。"八·一三"已经过去八十余年。不妨重读当时《读卖新闻》驻上海记者西里龙夫（1907～1987）的回忆。8月13日以后，西里跟着日军（上海海军陆战队）行动。8月14日，日军开始总攻闸北，西里看到日军步步进逼，市民们纷纷逃难。有一家三口（夫妇和一个孩子）被日军抓住了。西里上前劝阻士兵放过他们，理由站得住脚：非战斗人员，放了吧。士兵们松开了手。男人用上海话连声说：谢谢侬，谢谢侬！携妻将雏急忙逃去。过了一会儿，西里随日军在苏州河畔休息时，他发现刚才的一家三口又被别的日军部队捕获了。无法相助的西里目睹了以下的场面：三口人面前的地上有散乱的中国画报，日军指着画报上蒋介石的照片，比划着说：你认识他吗？男人点了点头。一名军官模样的人拔出军刀，砍向男人。一旁的妻子看着鲜血四溅的丈夫倒了下来，紧紧地抱住孩子，不敢出声。晚年的西里写道："女人惊恐战栗的神色依然萦绕在我的脑海。"（《我在革命的上海》，西里龙夫著，日中出版1977年7月初版，第193～194页）西里龙夫的真实身份是中共地下党员，1942年6月在南京住处被捕，1945年7月被判处死刑。不久日本战败，西里走出了死牢。战后曾任老家熊本县日共县委委员长，1983年访华，重返旧地。

　　战争初期，为了宣扬"战绩"，从军方到一般媒体，似不在乎刊登所谓显示激战的场所乃至毁坏程度的照片。其实，照片发布有

《我在革命的上海》封面。

原说明：(设在)沪江大学的炮兵阵地。尺寸30.2×21.5cm。出处：《支那事变写真纪念帖》。

激战痕迹——江湾同济大学。出处:《支那事变写真纪念帖》。

原题:四行仓库。原说明:四行仓库内八百敌兵最后不肯降服……仓库面苏州河通英租界……10月31日拂晓断扫此敌,占领仓库。半数敌兵经后门遁入英租界。仓库遗弃面包、黄油、牛奶。为英方撑腰明证。其阴险敌对倾向引起我方愤激。出处:《海军作战写真记录》。大本营海军报道部编纂,1940年印。

严格细致的规定。1937年7月31日与8月16日陆军省与海军省分别发布命令,12月13日外务省亦发出指令,强化媒体报道禁止事项。1937年9月9日陆军省发布"报纸刊登事项可否判断要领",规定了14项不许可事项,其中第12至14项为:12) 不利于我军的报道文字、照片。13) 逮捕审讯支那兵或支那人的报道照片中给人虐待感之虞者。14) 残虐(场面)的照片。但事关支那兵或支那人之残虐性报道的不在此限。

指令不是一张空文。大型媒体的摄影图片均处于审查之下。具

原说明：大同
城内被逮捕的
便衣队。1937
年9月15日摄。
出处：《不许
可照片2》，每
日新闻社1999
年1月初版。

原说明：1937 年 8 月 23 日上海，被俘中国军人。不许可理由缘于海军省 8 月 16 日的命令，即"不可登载我军给人以残忍印象的照片"。出处：《不许可照片 2》。

体审查相当仔细。被盖上"不许可"印章，即不能使用。即使通过审查的照片也有涂抹修整的要求。因为战败，也因为战后在《每日新闻》和《朝日新闻》社发现了战时摄影资料，这些审查的过程和结果才能重见天日（详见第四节）。由于少数官兵个人持有相机，而且外媒不断揭露日军暴行，1938 年 10 月 24 日又以侵华"中支派遣军司令官"田畑六名义，以内部密件形式，发布"取缔军队及军人文职人员摄影制作的规定"。其中第二部分的规定禁止范围为：1) 给人以残酷感觉的照片。2) 给人以军纪不严感觉或让人感觉日军丧失战斗意志的照片。3) 给人以违反国际法之物（在外国拥有权益地区内的行动等）。4) 易使人产生悲惨之感的战争死伤者的照片。5) 支那军的宣传用传单或文章。出处：日本亚洲历史资料中心。
按：战后的日本研究者指出，1939 年后，日本媒体上极少出现战场
死伤场面了。

　　其实，管理和强化战争宣传早已起步。1932 年 9 月外务省与
陆军组建"情报委员会"。1936 年 7 月该委员会正式划归为内阁
直属部门。全面战争伊始的 1937 年 9 月 25 日，又改组升格为内阁
情报部，握有统管言论、出版职权（以后再升格为情报局）。1938

《写真周报》第 151 号封面。

军方刊行的部分宣传性影集（封
面）。上：尺寸 23.8×33cm。按：
和知部队即陆军第 44 联队，联
队长和知鹰二，以其姓为部队代
号，当时这种做法较多。1937 年
8 月 18 日编成，8 月 23 日抵达
上海，在进犯罗店之战中伤亡甚
多。下：尺寸 23×31cm。

193～194 页

《扬子江案内》
尺寸 26.5×39cm。

年1月26日，内阁情报部主办的《写真周报》创刊。管理与执行并进。2月23日该刊第二号向读者征集照片的公告称："如果把电影比作是宣传战的机关枪，那么，摄影就是直刺人心的短剑，或是印制成千上万散发的毒气弹。"（转引自《报道摄影与战争1930～1960》，第206页）表达粗鲁，倒也坦白。到1945年7月11日终刊共发行345期（最后1期为374与375号合刊号）。《写真周报》第151号（1941年1月15日发行）封面的画面表现极具象征性。三位少女各持一面羽子板（按：日本新年期间的一种玩具，多为少女用）。富兰契斯卡（意大利驻日武官贝尔特尼上校之女）手持画有希特勒的羽子板，明子（日本画家荒木十亩女儿）手中是墨索里尼画像，乌尔丝拉（德国驻日大使奥特少将之女）手里则是时任日本首相近卫文麿画像。

情报部积极进行宣传战，以民间组织"写真协会"的名义向海外报刊发送宣传照片，每年约150个主题，约3万枚。1938年向海外发送张数24,046张，销售额647日元9钱。同年向国内公开1,714

张，销售额 2,978 日元 75 钱。国内数量不及海外发送量一成，销售收入却为其四倍以上。情报部称，海外发送为"非营利事业"，优先考虑刊出照片。故付给签约通信社的佣金占很大比重。"1939 年 4 月写真协会仰仗陆军、海军、外务、商工和铁道各部的捐款，以

《浙赣战记》，全中支派遣登部队本部1943年编，精装纸本，尺寸23.8×33cm。下图原题：义乌·诸暨。原说明： 翻看（诸暨）街上的陈旧的日历，停在了五月五日这一页。让人想象当时居民为了躲避暴戾的军队，急急忙忙逃离的样子。按：文字中的"暴戾的军队"指的是中国军队。居民为躲避侵略军而逃离不是更符合事实和逻辑吗？按：登部队即日军第13军代号，属"支那派遣军"系列，1939 年编成，主要在上海及周边地区活动。司令部驻地今为上海锦江饭店。

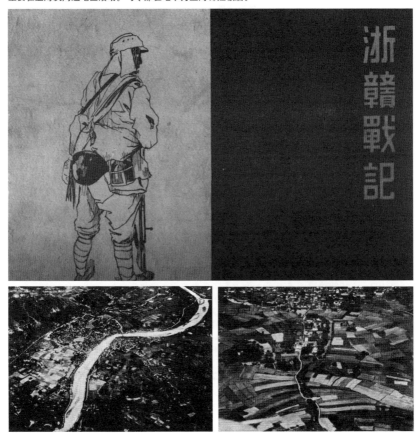

内阁情报部为主管部门，成为拥有 5 万日元的财团法人（《报道摄影与战争》，第 82 页）。

第二类，当时日本各种媒体均派遣大量随军记者来华，文字报道和图片报道并举。除了主流媒体家家如此外，娱乐性、历史普及性杂志也转为战争图片报道①。

滨野嘉夫是侵华战事初期倒下的《朝日新闻》摄影记者，也是最早殒命的从军记者（参《我在革命的上海》，第 203 ～ 204 页）。迅即又编印了《照相机战士》（1938 年 4 月刊，非卖品）。为一名战死的摄影记者刊行精装纪念册，说明大型媒体对战争的配合程度相当自觉，也说明因此而来的狂妄。该报社系列的报刊中，收录不少滨野所摄照片。

---

① 战时日本各媒体竞相出版同类画报，同名撞车的不止一处。同一画报也有多次易名者。为便于查阅检索，简述沿革如下：

1)《国际写真情报》月刊从 1937 年 9 月号起改出"日支大事变专辑"，从当月的第 1 辑（16 卷 9 号）至少出到第 33 辑，即 1940 年（昭和 15 年）5 月号，主题：海南岛攻略。其中第 6 辑题为南京陷落（按：攻占南京）。同杂志 1937 年以前就刊行过有关特集，如"支那动乱号"昭和 3 年（1929）第 7 卷第 6 号（1929 年 6 月 1 日刊）；1931 年九·一八后刊行为"满州大事变画报"共四辑：第一辑（昭和 6 年 12 月号。按：1931 年）、第二辑（昭和 7 年 2 月号）、第三辑（昭和 7 年 3 月号）和第四辑（昭和 7 年 4 月号）。

2)《アサヒグラフ》（朝日画报）。1937 年 7 月后改版，第 1 辑名为"北支事变画报"，从第 7 辑起易名为"日支事变写真"。第 9 号（1937 年 9 月 22 日刊）再易名为"支那事变写真"。遇所谓重大事件发生则出特大号（往往加页），如第 46 号为"徐州陷落增大号"（变平时的 32 页为 52 页）、第 69 号为"武汉陷落特辑"（亦增至 52 页）、第 102 号（1938 年 7 月 5 日刊）为"支那事变二周年特辑"。

同画报 1937 年 7 月前与中国有关的刊号有：1931 年 9 月 28 日号（封面题为：承认满洲国）。1934 年 6 月 20 日号（封面题为：哈尔滨街头中国少女）等。

3)《朝日周刊》与《朝日画报》联于 1937 年 7 月后推出画报。名"北支事变画报"，第 3 辑易名为"日支事变画报"，第 4 辑再改为"支那事变画报"。

4)《跃进之日本》月刊。自 1937 年 7 月后也与上述画报一样，改为全力报道中国战场的画报。

5)《大阪每日新闻·东京日日新闻画报》。第 2 号易名为"北支事变画报"，第 4 号起再改为"支那事变画报"。

6)《历史写真》月刊。1937 年 7 月号增加战时报道，8 月后改为全部报道中国战场。1937 年前有：1933 年 4 月号的"热河总攻击特辑号"；1934 年 4 月号的"满州皇帝即位纪念号"。

《照相机战士》封面。

1937 年 8 月 23 日《朝日新闻》号外第一版。通栏标题"上海市区全境展开大激战"下的副题是 ,(8 月)20 日 21 日（本报）角野、滨野两特派员决死摄影。(胶片由)"上海丸"船运,(从)福冈由飞机运送到（到报社）。按：滨野即滨野嘉夫。

　　在当时中国的天空，标有太阳旗的飞机为数众多，除了军机以外，还有报社所有的飞机，如《朝日新闻》以九·一八事变为契机，迅速扩充航空部，日中战争开始后扩充加速。如上午发生战事，特派记者迅速写完稿件后，即连同照片一起由飞机送回，照片在国内冲洗，当天下午附有照片的报道便可与读者见面。大报兴旺繁盛同时，无力购置飞机的地方中小报社不堪这种"快报竞争战"而陷入经营困难〔参《戦時演芸慰問団·わらわし隊の記録－芸人たちが見た日中戦争》（战时演艺慰问团·搞笑艺人队的记录——艺人们眼中的日中战争）第三章，早坂龙著，中央公论新社 2008 年 7 月第一版〕。

　　"七·七"卢沟桥，"八·一三"上海枪响之后，日本媒体都在第一时间转向战时体制。其中，各种画报将所有版面均用于战争宣传。观察当时的最大媒体，也是拥有多家画报和杂志的《朝日新闻》社的动向，应能获得较多的感受。

《朝日画报·特辑·北支事变画报第一报》封面。1937年7月出刊。

《朝日画报·特辑·日支事变画报第七报》封面。按:《朝日画报》从第一报("报"后改称"辑")起，画报所有内容均改为战争报道。名曰特辑，实为改版。随着战火从卢沟桥蔓延到黄浦江畔，该特辑第七期起易名为《日支战线写真》。

　　战后研究指出，随着战事扩大，孕育了新的摄影处理手段，如底片在中国战场做前期处理，然后空运或通过电子传送方式送往日本国内。"中国战场的《每日新闻》、《朝日新闻》和同盟通讯社的记者、摄影记者达1,000名上下，与1931年满洲事变时《每日新闻》

《朝日新闻》子刊《周刊朝日》的"转型"。《周刊朝日·朝日画报·临时增刊·北支事变画报第一辑》封面。1937年7月25日出刊。尺寸38.5×26.4cm。32页。

《周刊朝日·朝日画报·支那事变画报第四辑》封面。1937年9月15日出刊。尺寸同左，36页。按：《朝日新闻》旗下的《朝日周刊》（创刊于1922年）联手《朝日画报》改名为《北支事变画报》，八·一三战事后，第四辑亦改称《支那事变画报》。第四辑封三的广告语如下：为了永远保存支那事变的记录，请在后方的各个家庭一定完整收订各册杂志。按：在当时大型媒体中，同时刊行两种报道战争画报的，仅《朝日新闻》一家。

仅有50余名记者、摄影记者的数字相比，令人有隔世之感。"（《日本摄影全集》第4集总论：桑原甲子雄撰文）

人们不会忘记在1937年"八·一三"之前，上海还有1932年

被侵占的复旦大学校门前。出处:《上海事变写真帖》,尚美堂著印,上海华和公司发售1933年刊。按:该画册版权页说明文字称 此(图集)为(上海)CROME照相馆技师菱沼虎彦冒死所摄。(按:括号内文字为笔者所加)。

上海商务印书馆被日军机轰炸后惨状(1932年3月14日摄影)。出处:战时日本发行的明信片"上海战迹"。

的"一·二八"。

朝日新闻社不满足于紧跟战况的画报形式，在几乎同一时期将画报已发和未发的照片结集刊行，即《支那事变写真全辑》，全六册。朝日新闻社1938年刊，八开，每册均有套封。成为大型媒体刊行图片集中最具代表性者。下页照片均选自该图册。

《支那事变写真全辑》封面

原说明：（1937年）8月8日摄影。我牟田口部队通过正阳门。
按：这张照片当时被多次转载，摆拍不加掩饰，耀武扬威同样不加掩饰。牟田口部队即第1联队，时任联队长牟田口廉也。1944年10月20日该部作为决战部队，从上海出发开赴菲律宾，至次年8月15日，生存者仅余39名，向美军投降。

原说明：（1938年）9月7日摄影。进入史河要冲固始的皇军。按：意在显示"皇军"战绩，从城内的败墙残垣可见战事激烈，可见侵略战争对中原大地破坏的深重程度。此役是武汉保卫战的一环（参《中国抗日战争史》中卷，解放军出版社2015年增订本，第166页）。

《西北支那》封面。

原题：乌鲁木齐全景。出处：《西北支那》。

原说明：（1937年）10月25日突入（湖北）麻城。出处：《支那事变全辑·第四辑 武昌广东攻略战》。

原说明：占领（广东）潮州城。出处：《南支派遣军》，1940年初版。按：日军占领各地都有一个规定的摆拍照片。站在城头山呼万岁。如果下点功夫把这些照片收齐并展示出来，会是一个很长的系列。又，各页照片中括号中对时间与地名的说明均为笔者所加。

原说明 1937 年 11 月 8 日占领太原。出处 转引自《日中战争1》，每日新闻社 1979 年初版，第 21 页。

原说明：1938 年 10 月 16 日占领大冶铁厂。出处：《日中战争1》，第 175 页。

《朝日新闻》在宣传上不遗余力。镜头几乎囊括中国各地。战时唯一涉及西北的影集《西北支那》同样出自该社（1944 年刊）。

战时日本对媒体动员的深度和广度，从名为《历史写真》杂志的变脸可以看得相当分明。1937 年 8 月号杂志封面，画面主体的泳装女郎与一旁"北支事变第一报"的标题共存，与其说"滑稽"，不如说明杂志社转变之快。从九月号到以后各期，《历史写真》完全化为现实的战争"写真"。

其他媒体。为加强对外宣传，1935 年 11 月，政府指令两大通信社（新闻联合社与电报通信社）合并为同盟通信社。

日军在占领各地特别是大城市后，都会印行一种影集，渲染当地的安宁和平景象。其中的名胜古迹多是利用已有的照片。

在日军侵占南京后不久的 1937 年 12 月 18 日，日本大本营下达

《历史写真》1937年8月号封面。

《历史写真》
1937年11月号
封面。封面原说
明：我军进入大
同城。按：原图
彩印。

战时的同盟社为抢时间，印发单
张照片新闻。原说明：皇协（军）
维新队在汉口极为活跃。

《画报跃进之日本 攻陷广东汉口
纪念号》按：广东为英文 kanton
日译，指广州市。

读卖新闻社1938
年刊《支那事
变写真帖》，
18×26cm，48
页。上方有"特
派员决死摄影"
字样。

《苏州风景写真帖》，1940 年初版。

阊门。出处：《苏州风景写真帖》。按：城门和城墙上种种文字让人们看到并非日常的"风景"。比如白灰刷的大字口号：打倒祸国殃民之蒋介石！城门右上方的"大学眼药"广告是日本药品广告。

《广东风景写真帖》，
尺寸 20×15cm。1940
年初版。

原说明：（广州）一德路。
出处同上。

《江南大观》1943 年刊，精装胶印。

《中支之展望》1940 年刊，
精装纸本，有套封。

《中支大观写真帖》1940 年
刊。精装纸本，有套封。

《新兴济南市大观》摄影集刊行。

原说明：旧山东省政府楼门。
位于城内中心,现由皇军保护。
出处：《新兴济南市大观》。

大陆命 34 号，命日军华北方面军攻占济南、青岛，夺取胶济路全线。
23 日，日军分两路强渡黄河。一路由齐河渡河,12 月 27 日侵占济南，
并沿津浦线继续南侵,31 日侵占泰安,1938 年 1 月 4 日侵占兖州和
曲阜。与此同时，日海军于 1938 年 1 月 10 日占领青岛。至 1939 年

原说明: 皇军勇士的午餐。望着珍珠泉畔一株满开的樱花,我们的勇士们在进餐。济南市民的信赖(为)大事也。出处:《新兴济南市大观》。

原说明: 济南东关城墙。

(右下)原说明: 旧省府内壕堑,屋内用水泥加固,上面培土。

原说明：祭祀忠灵的忠灵塔，位于经六路，祭祀济南事变中战死与病亡的英灵。荒木大将挥毫，昭和10年(1935)1月落成。按：一种明显的炫耀，但客观上也提醒，日本侵入山东和济南并非始于1937年。

原题：被摧毁的泺源门，原说明：泺源门是济南西门原名。这次五·三事件日军炮弹把历史和人们都轰击为木屑灰尘。出处：《亚细亚大观》第59回编号583,1929年摄影。按：说明也成了叫嚷，五·三事件即济南惨案。

链接

蔡公时纪念馆,位于山东交涉公署原址的经四路370号。免费开放。济南惨案纪念堂,2007年建成开放,位于趵突泉东北角。内有蔡公时烈士铜像。铜像1930年由南洋华侨捐资建成,安放于新加坡纪念孙中山的别墅晚晴园。2006年4月正式移交济南。

蔡公时 (1881 ~ 1928) 江西九江人。早年参加同盟会。曾赴日本留学,就读于东京帝国大学政治经济科。

5月,山东全境沦陷(参《日本侵略山东史》,刘大可等著,山东人民出版社1991年1月第一版)。是为近代史上日军第三次侵占山东。

济南沦陷半年后,《新兴济南市大观》摄影集刊行。版权页:济南第二军司令部检阅(按:通过检查)。高桥渡摄影编辑,1938年7月印发,济南文海堂写真部发行。精装铜版纸,照片尺寸10×13.5cm。文海堂战前即在济南活动,出版物包括各种山东地图如彩印《山东地图》、《山东矿产地图》等。顺便提及,对战前日本人在华的书店与照相馆经营至今仍乏研究。这本《大观》异于上面《苏州》《广东》的是一半篇幅展示了断墙残垣,并有日军登场。

1928年的五·三惨案(日方称"济南事变")。1928年5月1日,北伐军前锋进抵济南。在中国土地上,却遇到了日军的横加阻拦。5月3日,日军突然发起攻击,是日杀害中国军民达千人之多。"尤为残暴的是,3日下午日军侵害中国外交机关,凌辱和集体屠杀中国外交人员。日军冲入中国政府驻济机关——山东交涉使署,先是切断电话线,拦截信使,继之强行搜查,抢劫外交文件。当特派交涉员蔡公时用日语抗议时,日军竟将蔡及署内职员共18人捆绑起来,用刺刀逼其下跪。尔后扒光衣服,先将蔡耳鼻割去,复又挖割庶务张麟书的耳鼻和眼睛,最后将蔡等18人分组拽出枪杀,除一人侥幸脱险外，无人幸免。"（《日本侵略山东史》，第 174 页。又参《济南五三惨案亲历记》，中国文史出版社 1987 年 10 月初版）

卢沟桥之战后，"地无分南北，人无分老幼"，全民抗战的局面开始出现。但是，也有另一种中国人。1990 年代笔者于冷摊觅得一册照片集封面。封面墨书"圣战勃发不久（两个月后）日支两国代表学者文化协议"。圣战是当年日方对侵略战争的"美称"。收

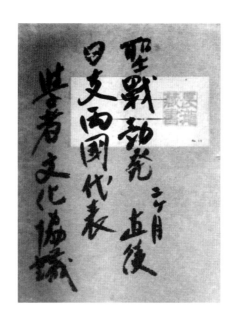

照片若干，无文字说明。封面有"长泷藏书"方章。查当时《东亚文化振兴协议会速记录》（非卖品，大东文化协会东亚文教国策委员会编，1937 年 12 月 25 日印发）可知，长泷应为大东文化协会理事兼会事务总长长泷武。该协会正是此次会议的一手操办者。对照《速记录》可以大致推知照片背后的脉络。1937 年 10 月大东文化协会

派员到京津活动，同年 12 月 7 ～ 11 日在东京召开的所谓"东亚文化振兴协议会"。中方代表 7 人全部来自沦陷区北京（含一名日本人，华北大学教授小池定雄）。按日方说法是招待"北支那教育家诸贤"，"发展文化教育"（大东文化协会副会头山本悌二郎祝词）。在今天，重读一遍《速记录》，或可"奇文共欣赏，疑义相与析"。

日本文部大臣木户幸一（1889 ～ 1977）的祝词几乎都是时论："国民政府不解我国真义所存，敢以排日为国策，与共产主义苟合，愈益狂奔于抗日侮日。外蹂躏信义，伤帝国之威信，内破坏崇高深邃之传统文化，毫无反省。……故今次不得已起膺惩之师，幸皇军所征之处，呻吟于积年秕政之无辜良民箪食壶浆以迎之。骚扰之辈渐由抗日之迷梦觉醒，北支（那）之治安逐日趋向恢复。"（《速记录》，第 18 ～ 19 页。译文中括号内文字为笔者所加。）按：虽云祝词，实为威吓兼训话。又，战后在东京审判中，木户被判处终身监禁，1955年获得假释。

所谓中方代表，时任北京晨报社长宋介致辞称，"简单说明吾人与会态度"。第一，在思想上共同树立反共战线。第二，图亚细亚民族之团结，防止白人文化之侵略。第三，日支两国共同再建东方文化。第四，树立东方思想体系。最后称，"望邻邦贤达诸君，有以教我"（《速记录》，第 27 ～ 30 页）。按：宋介（1893 ～ 1951）又名宋价、宋维民，山东省滋阳（今兖州市）人。1918 年在北京私立中国大学政治经济系学习，曾参加过五四运动，1937 年后出任各种伪职。抗战胜利时在伪济南道道尹任上。1946 年被山东省高等法院以汉奸罪逮捕，判处有期徒刑 5 年。1951 年，被人民政府镇压。

又，12 月 8 日，所谓中方代表王谟发言谈"中国抗日势力的起源、经过、现状及今后注意的问题"。王称，五四运动以北大蔡元培、胡适等为中心而起，此运动成为抗日排日运动出发点。以后势力不断增强，最近几乎达到极点。美国经过二十年，势力极强，最近几

为影集中一幅，与会的七名中方人员。

乎全体国民被美国催眠术麻醉，从上流社会到工人都相信美国。偶有理解日本者，无法出面。稍微出头就须冒极大危险。今年以来日本这两个字都不能提及。我们留日回国人员处于何种状态，不消说也可以想象。正因为处在这样的境况，所以发生了这次战争（《速记录》，第 27 ～ 30 页）。按：王谟在伪华北政务委员会中继周作人与苏体仁后，1943 年 11 月出任伪教育总署督办（参"华北敌伪政权的建立和解体"，张炳如撰，载《文史资料选辑》第 39 辑，1963 年初版）。

从华北到江南，伪政府大员沐猴而冠，相继粉墨登场。1937 年 12 月及 1938 年 3 月，日本在沦陷区北平和南京两地，分别组织了伪"中华民国临时政府"和伪"中华民国维新政府"。1939 年 4 月，由日本特务秘密护送汪精卫等进入上海，着手组织伪政府。经日方策划，取消了原北平、南京两地伪政权。1940 年 3 月 30 日，南京

原说明：右起，朱深、
温宗尧、王克敏、梁鸿
志、王揖唐。出处：日
本同盟通讯社单页图片
新闻。按：伪政府联合
委员会的头目们。

伪"中华民国临时政
府"驻地。出处：《圣
战从军·乡土部队纪念
影集》，1939年日本刊。

汪精卫。出处：《写真文化》月刊，
日本阿鲁斯社编，1943 年 7 月号。

出处：《皇纪 2061 年画刊》，1941 年东京刊。

原说明：辉煌还都 人流涌动
南京市民庆祝大会。出处：
同盟通讯社单张图片新闻。

举行所谓"国民政府"还都仪式，正式成立傀儡政权（我国史称"汪
伪政权"，当时日本称"南京国民政府"），发表所谓《和平建国十
大政纲》。

　　第三类，专业作者走上前线后的表现。

　　上节已有略述，1920 年代以后，在西方摄影思潮影响下，日本国内摄影出现了艺术摄影、新兴摄影等各种流派，进入 1930 年代，报道摄影（英语 Reportage photo。原为德语。日文：报道写真）开始崭露头角。1934 年，摄影评论家伊奈信男（1898～1978）对报道摄影如此定义："摄影为主，文字说明为辅，而且是在一定意图之下被编制起来的成组写真，方可明确表现、报道各种事态（原文：事象）的全貌。"（"关于报道摄影"，宣传小册子，日本工房 1934 年 3 月刊）伊奈的论述并未就此停步，他明确或在逻辑上不能不明确地指出，"在某种意图下使用时，这将成为政治性、经济性、或党派性宣传煽动的最强武器，也可成为对外宣传、招揽游客的绝好手段"。因此，对报道摄影家的最大要求就是，"艺术天赋和熟练技术，同时具有敏锐的新闻人素质"（"关于报道摄影"，宣传小册子，转引自《报道摄影与战争》，第 28 页）。战争伊始，在军方运作下，原为摄影流派之一的报道摄影迅速成为主流。也有研究指出，名取洋之助在 1938 年首次提出"报道摄影"概念（参《日本摄影全集》第 12 集"大事记"，第 121 页，1938 年条）。1941 年，伊奈信男在《写真文化》创刊号发表的"战争与摄影家们"一文中称，"报道摄影不同于外国所谓纪实，……这一工作有'言说'的部分，同时有向来的引导之含意，因此报道在报告同时必须加以指导。不引导不行"。战后，摄影评论家长谷川明评析：伊奈的报道摄影论当初就有宣传的味道，不过他开始仍将客观性列为最重要原则，而"战争与摄影家们"一文中的言论变化可谓"转向"（按：意即彻底转变根本立场），虽然其间仅隔了六年时间（《日本摄影全集》第 4 集）①。

────────────

① 应该指出，1980 年代出版的《日本摄影全集》在涉及对华战争部分，选材和评述上都表现了鲜明的反省立场。

报道摄影家们最初的"成果"之一是 1938 年 3 月 21～30 日在东京银座的三越百货店举办的展览：上海－南京报道摄影展。展出受外务省情报部"委托"，木村伊兵卫、渡边义雄所摄照片（参《日本摄影全集》第 12 集附录"摄影史大事年表"，第 131 页，以下略称"大事年表"）。

随着战线拉长，战事日久，在军方日益明显的操控下，报道摄影几成唯一许可的摄影方式，实为"宣传摄影"的代名词。1939 年 9 月 23 日在中支派遣军宣传主任参谋会议上，陆军情报部长清水盛明（1896～1979。职业军人。1936 年内阁情报委员会成立时的第一批正式事务官，后为内阁情报部官员和陆军情报部长。参《报道摄影与战争》，第 84 页）在讲话中强调了照片对宣传的重要性。会议发放了题为"关于宣传写真"的派遣军报道部资料，其中"宣传摄影与摄影报道的不同（原文：相违）"部分以"南京陷落（按：即攻占南京）"为例写道，摄影报道仅限于报道陷落的事实，只要表现士兵在城墙上高喊万岁即可。而"宣传摄影"要考虑如何宣传陷落的事实，基于这一考虑摄影。"即要加上第三国的权益得到维护，当地居民喜迎军队入城"等内容，摄影者要"告知读者皇军不仅勇敢而且正义，富于人道精神"。研究者指出，陆军规定的"宣传摄影"并非报章的新闻摄影，而正是名取、木村等人投寄（海外）画报的照片，即由伊奈命名的报道摄影。1936 年名取在德国见到报道摄影变化时即说"纳粹真会用宣传摄影"，（如今）在日本军部那里也成为现实（《报道摄影与战争》，第 127 页）。

在没有电视的时代，作为视觉手段的摄影报道在国家宣传战中的重要性不言自明。日本工房（1933 年 7 月成立，1939 年 5 月扩大改组为国际报道工艺株式会社，社长名取洋之助）和东方社（1941 年 4 月创立，理事长冈田桑三、摄影部长木村伊兵卫）的组建和活动在战时宣传中占重要位置。两家组织与当时的内阁情报局关系甚深（参《日本摄影全集》第 4 集，解说：桑原甲子雄）。前者出版《NIPPON（日本）》（1934 年 10 月～1944 年 9 月），后者刊行《FRONT（意为：前线）》摄影画报（1942 年 1 月～1944 年）。形式上一般取自当时德国式的成组摄影或美国《生活》杂志式的摄影小品（Photue essay，照片配解说短文）。

专业摄影家多到中国活动。从名取洋之助（1900～1962。1940 年 8 月移居上海活动，1946 年回国）始，藤田四八（1911～2006。1939～1940 年任随军记者）、土门拳（1900～1991）、木村伊兵卫（1900～1974）、渡边义雄（1907～2000。1950 年与木村等人发起成立日本写真家协会，为第二任会长，从 1958 年起任职 23 年）、滨谷浩（1910～1999）、林忠彦〔1918～1990。1942 年到北京，供职于日本大使馆外围团体华北写真弘报会。1946 年自北京回国。1961～1981 年任日本写真家协会副会长。林忠彦战后回忆称自己当年"拍摄华北棉、铁、煤、盐和木材等五大产业，向中国宣传日军的活跃形象"（参《林忠彦评传》第三章，2000 年朝日新闻社初版）、大竹省二（1920～2015。1940 年到上海入东亚同文书院，不久应征入伍，在任职军队报道部和宪兵司令部后，1944 年进入北京的华北写真弘报会。1945 年 10 月自北京回国）……可以开出一个很长的名单。

在满铁主持下，以宣传所谓大陆事情为目的，组织"八家写真杂志推荐满洲摄影队"，组成分 A 班（产业开拓）和 B 班（观光路线），桑原甲子雄、滨谷浩与金原三省等人 1940 年 6 月开赴"满洲国"摄影一个月，同年 10 月在东京银座白木屋百货店举办"满洲摄影队现地报告展"（"大事年表"，第 127 页）。1942 年为庆祝"满洲国"建立十周年，又有许多摄影家被送到那里，土门拳同年 6 月到北京和满洲摄影。包括拍摄故宫（《报道摄影与战争》，第 296 页）。同年 8 月以渡边义雄为领队（按：日文称班长）的日本报道写真协会摄影班到满洲，木村伊兵卫、渡边勉等东方社同人随一起前往。土门

《随军摄影记者的战争》

拳在战后回忆，（是）竭力让几无产品的汽车工厂看起来具有大工厂的气势，让灰暗肮脏的街道看起来洁净漂亮的报道摄影，把十分之一的东西拍成百分之百的对外宣传摄影，让人不能不深感都是欺骗人的摄影（《每日摄影》1959 年 6 月号，转引自《报道摄影与战争》，第 300 ～ 301 页）。也有例外。如 1940 年"浪花展"上小石清采访中国的作品，被认为以隐晦手法表现了厌战情绪（"大事年表"，第 127 页。又参《日本摄影全集》第 3 集"近代摄影的群像"，第 52 ～ 61 页）。

　　具体到摄影家个人，对于战争，从积极投身到消极应付甚至见机抽身，想法做法各有不同，但是几乎所有人都被卷入侵略战争的宣传。

　　从多种意义上看，名取洋之助的活动都是战时报道摄影的缩影和象征。1990 年代以来，日本国内对名取洋之助的研究包括史料刊行取得进展。主要有：小柳次一（1903 ～ 1988）的回忆录《随军摄影记者的战争》（新潮社 1993 年初版）[①]、白山真理（1958 ～，日本写真博物馆运营委员）对"报道摄影"与战争，对有关摄影名家特别是名取洋之助的系列研究[②]。

名取洋之助为富家子。父亲名取和作在三井财阀系列企业历任要职，1934 年名取创办日本首家报道摄影杂志《日本》时得到钟渊纺织公司赞助，其时父亲居该公司高层。

名取早期先后在德国和美国从事报道摄影，服务于名刊《柏林画报周刊》和《生活》杂志。有采访报道 1936 年德国奥运会的经历，1933 年春还受德国杂志社之命，采访过"满洲事变"。在当时国际摄影界小有名气，在日本则是罕见的国际派人士。侵华战争开始后，他几乎是主动投身官方报道。以后更移居中国大陆，创办的中文版摄影宣传杂志不下十种。他在战时编发的杂志都运用了欧美活动时期的经验。

名取参与战时报道摄影与官方（内阁情报部）关系。官方负责人物有二：林谦一与前述的清水盛明。林谦一原为《日日新闻》（按：战后《每日新闻》前身）记者，伊奈信男所属摄影组织同人，1937 年

---

① 该书为小柳次一摄影、口述，石川保昌文、整理（按：将口述录音资料整理成文章），1994 年 8 月新潮社初版。从后记看，自由撰稿人石川保昌（1953 ～）持有明确的反战和反省立场。石川在《后记》中写道："关于日军在侵华战争中的残酷行为，我不认为小柳说出了全部。又，末页署名为编辑部的说明称，与第 96 页照片摄影者 H. S. Wong 氏无法取得联系，（美国）《生活》公司现在也未能掌握其信息，盼望知晓的人士告知我们。"第 96 页正是那张刊载于 1937 年 10 月 14 日《生活》周刊的著名照片：上海车站站台上哭泣的婴孩（一般称，"中国娃娃"）。由美籍华裔摄影家，时任赫斯特新闻社记者王一亭（1900 ～ 1983）摄影。

② 主要论著有《名取洋之助与日本工房（1931 ～ 1945）》，岩波书店 2006 年初版；《名取洋之助——报道摄影与平面设计的开拓者》，平凡社 2014 年 1 月初版；《报道摄影与战争》，平凡社 2014 年 8 月版等。尤其是后者，全书 485 页，行文沉稳，分析细致。发掘出很多史料资料，伴以访谈，不少为第一手资料，包括当时军方和官方内部文件。查询如此庞大的资料并做出条理明晰的撷取和分析，并非易事。在便于阅读与检索上亦见功夫。如虽然注释量大，但分附各章之后；书中涉及人物甚多，注释中均标记生卒时间，书后制有人物索引。

12 月与渡边义雄、木村伊兵卫同到上海采访，1938 年 1 月 4 日即回国五天后就任情报部事务嘱托（按：特聘职员）。林参与了内阁《写真周报》创刊以及同年 7 月御用组织"写真协会"的设立活动。1939 年 9 月任内阁情报官，在情报部扩充强化为情报局后，任负责摄影宣传与展览会业务的第五部第一课情报官。林战后回顾道，写真协会与同盟社一样，"两个机构都为将战争目的正当化，或为显示国力，有意识地（对外）发送照片"（《报道摄影与战争》第 88 页）。他称投身官方宣传机构的动机缘于看到 1937 年 10 月 4 日美国《生活》杂志那张著名照片（题：上海南站站台上哭泣的婴儿。按《生活》的说法是 1 亿 3600 万读者看过的照片），林说，"对此不能不（从事）对抗，应该扩充视觉形象的对外宣传。为国家的宣传（工作）拼命干"（《昭和广告证言史》，宣传会议 1978 年版。转引自《报道摄影与战争》，第 85 页）。说法与名取相同。名取在看到《生活》杂志的上述照片时说，看，这就是日本的形象，这能行吗？（《名取洋之助——报道摄影与平面设计的开拓者》，白山真理著，平凡社 2014 年 1 月初版，第 82 页）。名取在 1937 年 11 月成为内阁情报部嘱托。

清水盛明 1938 年 2 月在思想战讲习会上称："《生活》杂志现在因屡屡登载反日记事被我国禁止进口，但是如因引导方法（得当），将来能够转变，从反日杂志变为亲日杂志。"白山指出："情报部期待为美国承认的摄影家名取向生活杂志寄送照片，实现刊登亲日报道。（所以）让名取担任（情报部）嘱托。"（《报道摄影与战争》，第 94 页）。

战时日本不允许外国记者随军，而欧美杂志又需要相关照片。日军报道部直接发送照片，不会被外媒采用。走上前台的就是民间摄影通信社名义的日本工房。名取熟知欧美杂志需要何样照片，又知晓与之联络的门路。不断将照片发往欧美，以图文形式否认蒋介石方面所称的日军残酷行为，推进反蒋宣传。经费全部来自军方（《随军摄影记者的战争》，第 99 页）。

从照片归属权看日本工房的运作特点。渡边义雄、金丸重岭
（1900～1977）和小柳次一加入日本工房时都接受了内容同样的合
同，即底片归属及使用权归于公司（对外发稿均署名为名取），这一
做法引发过内部纠纷。土门拳对只能以名取名字向海外发送照片感
到不平。他曾以自己名字发出一组"外务大臣宇桓谋求支持（自己的）
中国对策"，在《生活》1938 年 9 月 5 日号刊出后，土门遭到名取
的痛批。研究者指出，名取并非缺乏版权意识，因欧美画刊编辑部
熟知名取的名字，照片较易获得采用。故"应该结合以下之点思考，
即 1938 年的对外宣传摄影已经作为国家战略而启动"（《报道摄影
与战争》，第 101 页）。

初期，以名取名义发出的照片的确获得了《生活》等杂志的采
用。正如白山真理所言："名取开始的运作想法（按：通过摄影宣
传改变欧美社会和民众的对日印象）不是完全没有根据。"但是对
同为名取寄去的一组五张照片，《柏林画报周刊》与《生活》杂志
在说明文字上做了不同的处理。前者题名"中国的游击战"，指称
日军对中国游击队的打击巧妙而严正；后者题名"中国自由主义之
死，日军占领下的寻常的南京之晨"。说明称，1938 年 3 月 22 日，
日本的傀儡政权成立于南京，和平并未到来，而是被占领地的中国
农民面临死亡（《报道摄影与战争》，第 112 页）。越到后来，《生
活》杂志对日本侵略的批评越多。可见，即使摄影这样直观的手段，
名取这样在技巧、人脉和敬业多方面都堪称一流的人选，也难以遮
蔽侵略的基本事实，难以阻止欧美社会意识的变化。

徐州会战后不久，名取在上海租界成立 press union/photo
service（新闻联盟 / 摄影服务公司），以民营通讯社形式向外界发送
摄影图片。但是"费用全部来自军方"（《报道摄影与战争》，第115页）。
还可从特务部长那里申请所需的经费（《随军摄影记者的战争》，第

111 页）。《写真周报》1938 年 8 月 10 日号起刊用名取公司的照片（题为"重现活力的上海"和"重现活力的南京"）。1938 年 9 月名取又在香港的同盟社内成立"南支写真服务部"，业务伸展到了中国南部（《报道摄影与战争》，第 117 页）。1938 年 11 月按军方要求，创办英文版《上海》杂志。在东京编印（次年 3 月刊行第 2 期后停刊）却装扮成上海当地出版模样，杂志地址写成极斯菲尔路（今万航渡路）76 号即汪伪特工总部所在地（《报道摄影与战争》，第 121 页）。1939 年 4 月名取又创办《华南画报》与《Kanton》（按：广州的传统英译）。前者中英文版，后者英文版。后者封面的宣传用语写道，"本杂志通过科学和艺术推进对华友好"。主要刊登日本学者有关中国文化的解说。名取本人在 1943 年称，《华南画报》为"南支派遣军的对外宣传杂志。对没有一张军队照片的《Kanton》杂志，当地的评价很坏，参谋本部等的评价出乎意外地好"（《报道摄影与战争》，第 123 页）。

名取的国际写真工艺株式会社 1939 年后承包在中国大陆展开文宣的"移动写真展览"。6 月以降，由日军报道部主持在上海、苏州、南京等地巡展。年底又改进制作成为"面向南支的移动写真展"。后来在中国各地、泰国和亚洲各地的巡展制作成为主要业务之一。名取 1939 年到满洲，办成两件事。一是面向欧美的《NIPPON》1939 年 9 月号（总 19 号）满洲国特集，二是斡旋（推动）分社的设立。由关东军出资，于 1940 年创办英文版《满洲国》，还创办由满铁编辑的《Eastern Asia（按：东亚）》画报（《报道摄影与战争》，159～161 页）。一般出版物有《南支派遣军》（署名国际报道工艺编辑，1940 年刊），同年还刊行《出征中支》（支那派遣军报道部监修，署名出征中支写真帖刊行会代表名取）。次年有《圣战纪念百武部队中村（次）部队》，南支派遣军百武部队中村部队编纂发行，国际报道工艺制作（《报道摄影与战争》，164～165 页）。1940 年春，

名取经手的中文杂志之一
《大陆画刊》1945年5月
号封面。

名取成立子公司名取书店，出版有关日中文化方面的书籍，如周作人《苦茶随笔》的日译等。

名取这类人的各种活动都与政府活动以及宣传主题的变化有关。1940年7月近卫内阁第二次上台，号称"推动大东亚共荣圈的确立"。次月，诗人草野心平作为汪伪政权宣传部顾问移居南京。同时，名取夫妇移居上海。12月8日太平洋战争爆发后，陆军将强行接收的外资上海印刷厂委托名取经营，组建太平出版印刷公司，1942年9月又在沪开设太平书局。研究者白山真理指出"（因而）可以推测为汪政权宣传部做某种工作，现在知道的只是按照汪政权与国际文化振兴会的意向从事书籍出版"（《报道摄影与战争》，第167页）。

小柳晚年的口述中披露了一些当年在上海活动的细节。没有留下文献的细节或可为历史的注脚。如1938年夏给"还都"前秘密潜入上海的汪精卫拍摄标准相。冒生命危险拍照的事情则不止一桩。

出处:《大陆画刊》1945年5月号。原题:昆山春景。每天早晨,便有一批农民前来销售货物,
非常热闹。戴着包头巾的乡下妇女们,把青菜啦鱼啦鸡蛋啦,堆积如山的茶篮摆在面前,
吆喝叫卖的一幕,是令人愉快的江南风景之一。她们完成早晨的作业之后,便三三五五地
走入洋货铺子,把农产物换了洋蜡、洋火、盐等物。要回家的时候,约摸接近晌午了……按:
出刊两个月后日本宣告无条件投降。

如在外滩附近大楼里的日本商社房间里，偷拍黄浦江上英军巡洋舰甲板上发射舰载机用的特殊装置。连续拍摄三四天，然后全部放大，粘贴成三米左右大小的图版送给日本海军。再如拍摄苏联电报密码的说明书。做法是先由苏联领事馆的内奸盗出，放在附近的宿舍，然后派小柳去摄影。开始小柳觉得太危险，军方报道部长将他带到特务机关长处，机关长是少将，官阶高于报道部长，小柳只得听命。晚年小柳说"与此有关的人几乎都死了，不妨开口了"（《随军摄影记者的战争》，第 149 ～ 151 页）。

小柳也几乎为此丧命。"蒋方知道'摄影通信社'是日军特务机关，英文《上海》杂志是标准的阴谋杂志。我想因做此类事情，所以被盯上了。昭和 14 年（1939）农历正月初一，在南京路一家中餐馆吃饭后出来，欲上出租车时，遇到中国便衣队袭击，险些丧命。对方用的是达姆弹。幸好（住进日本医生开的）福民医院，手术医生曾经在东京的驹达病院给我做过腹膜炎手术。第二次救了我。后来听军医说，如果到军队医院，一定会被（从肘部以下）截肢。虽经手术，右臂还是终生残留着一些弹片（《随军摄影记者的战争》，第 149 页、154 ～ 160 页）。小柳还算命大，南支写真服务部的白木俊二郎 1939 年 3 月 30 日在九江战死（《报道摄影与战争》，第 121 页，按：括号中文字为笔者所加）。

晚年小柳坦承当年目睹的日军的种种丑事。如日军强奸中国年轻女子（《随军摄影记者的战争》，第 120 ～ 122 页）。如虽然部下士兵接连战死，日军某师团长仍让马一左一右担着两斗（一斗约合 18 公升）酒桶，身在前线，每晚畅饮（同上书，第 126 ～ 127 页）。

小柳的回忆和其他人的记录有互相矛盾之处。摄影评论家金丸重岭（1900 ～ 1977）战后回忆称，"我记得在中支前线的某间宿舍，直接听到一位军官盛赞名取的勇敢。他手持一台徕卡相机，不顾生死，穿梭于战壕的事情也常常成为话题"（《报道摄影与战争》，第

116 页）。不过，小柳的回忆是"名取上前线，但是绝不到枪林弹雨之处，只在日军早已占领的壕堑一类场所给自己拍下纪念照，然后将其与我拍摄的其他照片一起发往外国杂志。等（我）看到杂志的照片页，页码一角附有名取的纪念照。大家都误认为是名取在前线摄影。（名取）干得真漂亮，我都不知道是该吃惊还是该佩服"（《随军摄影记者的战争》，第 116 页）。两种回忆的形象大相径庭。小柳是亲见，金丸是听说。

滨谷浩也许是一个例外。他应木村伊兵卫之邀，进入东方社，1942 年 9 月随木村到满洲参加"满洲国"建国十周年摄影活动。但是，对"摆拍摄影，把用喷枪修整的照片当成作品的东方社的活动，感到不安。因对负伤的年轻伙伴受到不正当待遇向社方抗议，在未获得解决时，（却）被要求当巴布亚新几内亚战线的随军摄影记者，滨谷浩认为这是出于理事长冈田桑三指使而拒绝，并辞职重返北陆地区，继续自己雪国新潟的民俗摄影"（《报道摄影与战争》，第 290 页）。当时有同行在杂志上要求他"把不利于推进战争的东西往后推"。滨谷浩保持了沉默。1956 年在摄影作品集《雪国》（每日新闻社刊）后记中，滨谷写道："上面的命令一下来，就必须转入新体制，这是不正常的事。在远离文化的常民世界里，必有那个世界的生存方式。"研究者指出，虽然在滨谷浩看来，（外务省的附属团体）太平洋通讯社（他为该社嘱托）不同于专事军事题材的采访，"但从体制立场看，采访日本文化同样是宣传摄影"（同上书，第 292 页）。

《北支》和其他宣传性杂志。在沦陷区，以长江为界，占领当局成立了华北交通和华中交通株式会社，均为日本官方全资建立的所谓"国策会社"。控制着整个两个地区的铁路交通业。"华北交通"经营铁路里程达 6,117 公里，员工达 15 万人以上（参《北京·观察、阅读和收集》，森田宪司著，日本大修馆书店 2008 年 7 月初版）。

《北支》创刊号 1938 年 6 月号。　　　　　　终刊号 1944 年 8 月号。

原说明：正因为是东亚的基地，生活于北京的七万日本人，在身心锻炼方面的投入极其
热烈。每月持续一周的锻炼日各处参加者超过四万，呈现盛况。出处：《北支》第 19 号。

原说明：槐荫
下的王府井大
街。按：画面
前方日文两个
香烟招牌十分
醒目，是摄影
者与编辑者的
有意或无意？
成为沦陷区
后，北平易名
北京。但是很
多市民依然称
北平。

《北支》曾有北京和附近地区风土人情的专辑。比如"北京的市民生活"专辑（《北支》第 37 号）。

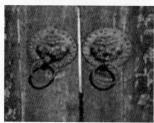

原说明：大门上的门钹。两种不同类型的门。出处同上。

原说明：北京某文人家的院子。出处：《北支》37 号。　　原说明：庭院里的生活。出处同左。

也都出资刊行宣传性杂志。华北名《北支》，华中名《吴越春秋》。封面标明"现地编辑"（按：即在当地编辑），文字均为日语。《北支》与其他杂志不同，起用佛教美术研究家小野胜年任主编（《北京——观察、阅读和收集》）。《北支》为月刊，自 1938 年 6 月发刊，到战争末期的 1944 年 8 月号为止，共出刊 51 期。图文并重，前期有一些表现风土人情的篇幅。

随着太平洋战场日军颓势渐显，海上运输不断遭到打击，运能下降。1942 年 10 月 6 日，日本内阁通过"关于确立战时陆运非常体制"议案。以陆运承担弥补海运。华北沦陷区经由铁路再从朝鲜南部港口运往日本的物资激增。1942 年度 72,901 吨，1943 年 443,761吨，1944 年（4～11 月）达到 1,006,981 吨。在日本官方机构统计总额中，华北的煤炭外运（运往日本，中国东北和华中占领区）占货物的四分之一，煤炭的二分之一。华北起到"完成大东亚战争的兵站基地"作用（参《华北交通的日中战争史》，林采成著，日本

《北支》第 48 号专辑

经济评论社 2016 年 11 月初版。作者 1969 年生于首尔，日本立教
大学教授）。在此背景下，《北支》第 48 号的专辑名为"决战下华
北交通（会社）的使命！"文字增多，化隐为显，高叫：对日输送！
决战（态势）下的对日资源输送，一时一刻也绝不能放松。已经不
在乎赤裸裸的表述了。

　　一组"华北交通"的内部统计数据。1）所谓"匪害"（按：抗
日武装的进击）统计，1941 ～ 1944 年分别为 1,224 件、930 件、1,224
件和 1,552 件。2）美军对华北铁路设施的空袭。1944 年 5 ～ 12 月
为 738 架次（转引自《华北交通的日中战争史》第 5 章）。这些数
据到战后方才公开，成为研究者的重要参考资料。

原说明：今天我国在准备决战的同时，推进雄伟的大东亚国土计划。北支的优质原煤对于日本是绝对必需的。北支的有关机关，正是为此而日以继夜地努力增加对日本的原煤运送。……华北交通公司正尽量减少客运而增加对日原煤运送。……图为华北某煤矿的输送缆车。出处：《北支》48号。

有关"九·一八"的一组老照片。

一本私人影集封面。本页
与下页图均选自该影集。

左图原说明：北大营王以哲的旅训。右图
原说明：被破坏的北大营兵舍。按：应是
"九·一八"后不久的摄影。王以哲将军
（1896～1937）出师未捷身先死。

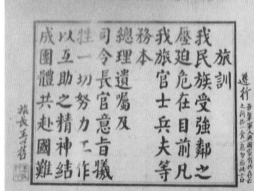

原说明：北大营的战痕（612团2营）。　　原说明：新国伍长战死之处。

原说明：嫩江激战地，昂昂溪木桥。按：
1931 年 11 月初马占山部在此抗击日军。

原说明：洮昂线泰来车站。按：洮南至昂昂溪铁路。

原说明：建国宣抚。按：宣传造势，（沈阳）大西门。

原说明:(满洲国)建
国祝贺祭之一部,(昭
和)7 年 3 月 12 日。

朝日新闻编制英文版《满洲国》(封面)。1934 年 11
月刊,精装,全文铜版纸印制。尺寸 26.5×20cm。

《满铁俱乐部》1937 年 4 月号封面
满铁创业十周年纪念特辑[1]。

① 2008～2009 年日本ゆまに(yumani)书房刊该画报影印版(全 114 号)。

伪满洲国这个怪胎出现后，日本的宣传不遗余力，摄影图集是重要手段。除了面向东北地区和日本国内外，还推进对欧美的宣传，英文版画册不止一种。

老牌殖民统治兼经营机构满铁（全称：南满洲铁道株式会社）向来重视各种宣传，公关月刊《满铁俱乐部》以日、英、中三种文字印行，全文铜版纸印刷。

下面是英文版《满洲国》选页。所谓皇族、哈尔滨和王道乐土是这本影集和其他对外宣传摄影集的主打。

婉容。

卖冻鱼的。

哈尔滨中央大街。

　　傀儡皇帝溥仪"访问"日本。在他日后的回忆录《我的前半生》中对 1934 年 5 月访日有具体的描绘。《扈从访日恭纪》，副官林出贤次郎著，满洲国总务厅情报处 1937 年 9 月刊行。按：在伪满洲国

上图左：《满洲国皇帝来访写真大观》封面。上图右：《扈从访日恭纪》封面。

溥仪参拜靖国神社。出处：《满洲国皇帝来访写真大观》。

各机构中，日本官吏掌握实权。如名为"国务院"办事机构的总务厅均由日本官员把持（如长官武部六藏、次长岸信介和后任次长古海忠义等），实际上凌驾一切，在日本官员看来，长官是"事实上的国务总理"（武部藏六 1939 年 4 月 28 日日记，转引自《一个精英官员的昭和秘史——读"武部六藏日记"》，吉川隆久著，芙蓉书房 2006 年 4 月初版。以下引用此书仅标书名）。溥仪身边也不例外。岸信介在战后掌管日本朝政时，运用了"满洲人脉"。日本史界对此已有不少研究（参《满洲与自民党》，小林英夫著，新潮新书第 142 种，新潮社 2005 年 11 月初版）。

　　报道摄影在东北和华北地区：群体影集有《写真报告·大陆——

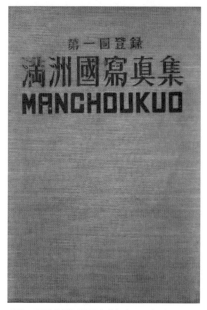

《第一回登录满洲国写真集》（1941 年刊）

《第二回登录满洲国写真集》（1942 年刊。两种均为精装，尺寸 26.5×18cm)，征集投稿编印而成。

《跃进满洲》是观光宣传手册（1942年刊）。

《大满洲帝国成立十周年纪念写真帖》
（日中文）图集。

东京大学联盟学生写真联盟作品集》、《现地作家（按：意即居住在中国）写真集》等。当时以个人名义刊行的中国题材影集极少，几乎都为东北题材。如木村伊兵卫的《王道乐土》与长谷川传太郎的《满洲纪行》。

以两家报社名义刊行的《写真报告》后记称：为让照相机担负起满支亲善的使命，本年春天，在文部省和陆军省情报局赞同，满铁与东京日日新闻社后援下，东京大学联盟学生写真联盟"大陆摄影使节"一行，从3月下旬到4月下旬在约一个月期间，驰驱满洲全境并北支那，本书辑录的是丰富收获。

以"现地作家写真集"为号召的《大陆的风貌》是少数所谓民间人士摄影作品集的一种。封面设计也稍见软性甚至先锋性。

《写真报告·大陆——东京大学联盟学生写真联盟作品集》封面，东京日日新闻·大阪每日新闻社1938年12月出版，精装，尺寸25×26cm。

李香兰。出处：英文版《满洲国》影集，朝日新闻刊。

《大陆的风貌》封面（1941年刊）。

原题：（北京）猪市大街。
出处：《大陆的风貌》。按：
传统的摸手讨价还价。

原题：（南京）中华门。摄影者：田中新一。按：与较多民俗画面不同，弹痕累累的大墙，身着军服的男子，明暗光线的运用，也许是摄影者与编选者同样激赏的场面。在七十年后的今人看来，仍感到一种杀戮之气。出处：《大陆的风貌》。

　　《王道乐土》，木村伊兵卫摄影，东京目黑书店 1943 年刊行，16 开精装，全页铜版纸印刷。木村 1940 年 5 月应满铁之邀到中国东北，摄影时间约 40 天。1942 年 9 月与 1943 年 9 月又以东方社杂志名义，分别到东北与华北采访。

《王道乐土》封面。

原说明：国务院总理张景惠。

原说明：沈阳四平街（按：现中街）。按：张景惠(1872～1959)被称为最听话的"总理"。据日本人回忆，张"对关东军完全顺从，以坐禅写经打发所有时光"（转引自《一个精英官员的昭和秘史－读"武部六藏日记"》，第55页）。在他任上迎来了"建国十周年"。在《建国十周年纪念写真帖》署名张的弁言称，（今后）十年之功果如何，请刮目待之。该《写真帖》附有"承认国家"一览表。让人想起一句俗语：露多大脸显多大眼。

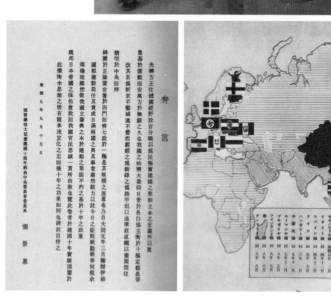

　　长谷川传太郎（1895～1976）生于富裕的家具商人之家，二十岁前后曾为皇室设计家具，据称有数件至今尚存。后来热衷于摄影，内容多为佛教胜地和佛教艺术。作品集均由目黑书店刊行。有《印度》（1939年刊）与《佛迹》（1941年刊）。自述1939年应"满洲国"政府邀请，用三个月时间，走遍东北各地及承德等附近地区。1941年刊《满洲纪行》。封面有："满洲国治安部检阅济"（按：意即通过检查）字样。全页铜版纸，英日文。并列出使用最新徕卡相机的技术参数表一览。战后由东京经济出版社1988年7月重印，书名改为《满洲幻影》（尺寸29×22cm）。重印版序言称，负片等资料的90％捐赠存放于福冈美术馆。依据旧藏负片对作品做了一些技术修整。重印版后记写道："对于当时的权力者也罢，只能获得片面信息的国民也罢，再有对于长谷川传太郎也罢，满洲只是一个极大的幻想。这本摄影集也许就是这个幻想的证据之一。"

长谷川传太郎的《满洲纪行》封面。

《满洲幻影》封面。

○ 《满洲纪行》里的哈尔滨。

圣尼古拉大教堂，又称中央寺院。

圣索菲亚教堂。
幸存至今，已
经在修整后对
外开放，被称
为哈尔滨的城
市名片之一。

（辽宁）义县奉国寺。原说明：奉国寺大雄宝殿建于辽代开泰九年（1020）。大屋顶
具备远超我国奈良唐招提寺与新药师寺的雄伟气派。不过，大佛虽然堪称名作，寺
房内安放的小佛像，却是令人神往的逸品。出处：《满洲纪行》。

原说明：罗曼诺夫卡村里打场的白俄妇女。原说明：相烦横道河子站长，在柳林小站下车。在仅通马车的弯曲小路上向西步行约一里，看见了位于缓坡上的村落：罗曼诺夫卡 (romennofukaans)。按：今海林市横道河子镇。出处：《满洲纪行》。

原说明：弥荣村制材所。原说明：渐趋成功的第一次、第二次移民地区。开拓团员各达到千人以上。按：1932年，来自日本本土的首次"移民"进入位于永丰镇地区（今黑龙江省桦南县），建立居民点，自称弥荣村。随着向东北移民成为国策之后，弥荣村和附近另一家千振村成为日方多方宣传的典型。长谷川作为官方招待的客人，身在局中。出处同上。

　　1936 年 8 月广田内阁树立的"七大国策"之一就是向中国东北移民，目标为 20 年移民 100 万户 500 万人。最后因战败，实际移民人数 32 万人（包括所谓的少年义勇军），战败时实际在籍 27 万人。当时的拓务省拓务局编印的《满洲农业移民写真帐》就是有代表性的宣传品。该写真帐的附录"移民入植图"，密密麻麻的标记有实现的部分，也有计划的部分。一旦实现以数百万人为单位的移民会是什么局面，不难想象。其实直到战争末期仍在运送移民，1945 年 7 月 2 日才作出暂停运送的决定。苏联宣布参战的 8 月 8 日，东京的常磐松开拓团抵达牡丹江，同时汇入逃难行列。因为关东军大半被调至"南方"前线，征兵指向了开拓团。开拓团的男子几乎都被征集入伍，被称为连根拔式的征集。苏军进攻东北，关东军顷刻间

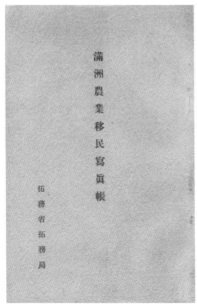

《移民写真帐》封面。

"移民入植图"。

土崩瓦解。日军没有保护，而是抛弃了作为同胞的男女老少。开拓团的人们成了军国主义的牺牲品。日本投降后，开拓团的死亡者至少在8万人左右。应征者或战死或成为苏军战俘被送往西伯利亚（参《移民们的满洲》，二宫启纪著，平凡社新书2015年7月初版）。

原题：开拓团弥荣（村）。（人们）与家畜。出处：《跃进满洲》。

　　《移民们的满洲》作者二宫是地方报社的记者，长年坚持开拓团课题的研究。他在书中对满蒙开拓团被称为国策牺牲者的说法表示"抱有极大的违和感"。因为，这种说法剥夺了想象力，让思考停止。"谁是牺牲者？是何处何人引起的牺牲？如今不应该再次严肃叩问吗？不能误用言辞，使之变为只应立于加害者一侧的免罪符。……抓住满洲不放的不仅在国家（层面），地方同样感到魅力，难以松手。进一步说，在个人层面同样舍不得放弃满洲。一旦伸出了手，就像吸毒上瘾一样，很难远离麻药。"

　　二宫进一步分析："虽同为日本人，加害与被害的位置错综复杂。战时热心劝诱人们去往满洲的（地方）政府职员，到了战后又负责'归国者'的支援业务。对于失去家人的开拓团生还者和送走他们的村人来说，（连接着他们的）户挨户的社区依然存在。即使在参加开拓团的家庭内，有决心奔赴满洲的父亲，也有反对远行的母子。基于这样的'满洲体验'，区别加害与被害，追究责任是很难

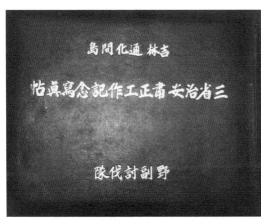

《吉林通化间岛三省治安肃正工
作纪念写真帖》，野副讨伐队编，
皮质封面精装，全页粘贴照片。

讨伐队司令陆军少将野副昌德。出处同左。按：野副为
陆军士官学校第 22 期毕业生，1939 年升为陆军少将，
1939～1941 年任陆军第 2 独立守备队长。

原说明：巡视幕舍的第一路军干部，打 × 号的即魏拯民（按：左起第二人），△者为徐哲。
昭和 14 年秋共匪摄影。出处：《吉林通化间岛三省治安肃正工作纪念写真帖》。按：魏拯民
(1909 ～ 1941)，抗联一路军副总指挥，烈士。徐哲 (1907 ～ 1992)，1933 年参加抗联。1945 年
后曾任朝鲜人民军总政治局长。抗联自己的摄影，为何进入日军图册之中？再看下一枚的说明。

原说明：昭和 16 年 1 月 31 日向位于抚松县北方的通化地区讨伐队投降的东北抗日联军第
一路军总务长兼中共南满省委宣传部长全光（打 × 者）即吴成仑（朝鲜人），39 岁。2 月
22 日于吉林讨伐队司令部。按：全光 (1898 ～ 1947)，1927 年参加中共，1941 年 1 月 30
日在抚松县被捕叛变，被捕前任一路军需处长。后为伪热河省警务厅警尉补。出处同上。

原说明：东北抗日第一路军第一旅一部，于匪势极为猖獗的昭和14年夏，共匪摄影。出处：《吉林通化间岛三省治安肃正工作纪念写真帖》。

原说明：东北抗日第一路军女队员，共匪摄影。出处同上。

原说明：东北抗日第一路军总司令杨靖宇被射杀时所持物品。出处同上。

原说明：敦化东南约25公里迷魂阵一带牛心顶山附近被突袭的○○（按：字迹难辨）匪寨。出处：《吉林通化间岛三省治安肃正工作纪念写真帖》。

的。对日本人而言，满洲是最近的战争体验。与社区和家庭都有关联的战争，真可谓邻人们的战争。正因为如此，不去触摸'满洲'，不去讲述'满洲'，给有关'满洲'的记忆贴上封条，以此维系住地域社会的交往，防止家庭的崩溃。"

值得一提的是，《满洲纪行》中有一些关于东北抗联的浴血奋战的描述。为拍摄《满洲纪行》，长谷川曾到佳木斯和牡丹江。在该书"牡丹江与佳木斯"一节中写道："听说最初的日本移民沿松花江下行时曾遭遇匪贼的齐射，整整一夜船在江上漂流……现在的佳木斯，匪贼们已经无能为力了。"（《满洲纪行》，第54页）战史表明，所谓"匪贼"是当时属于抗联的谢文东部。而上面引用的内部图册展示了日军眼中的抗联。

不动健治（1897～1985）在今天的日本，似已被人忘却。他的精装作品集《北京与照相机》，1939年6月国华书店（东京都京桥

《北京与照相机》封面。

原说明：吴佩孚将军 昭和 13 年 (1938)11 月
摄于什锦花园。出处：《北京与照相机》。

原说明：前门外的
夜景。出处同上。
按：粉饰太平的
意味浓厚。然而，
不动氏战后初期
的作为不可不表，
详见下一节。

区筑地）印制，该书店及北京国华书店（北京宣武门内大街 102 号）发行。

　　沦陷区伪政府刊行的《北京景观》，1939 年 4 月初版，1940 年 3 月订正再版。塑胶仿皮封面。印制：大正写真工艺所（和歌山市）。顺便指出，1920 年代以后，很多中国题材摄影集的印制都出自该工艺所。

　　与沦陷区发行的宣传图册不同，面向日本国内军属的宣传图册中则强调"皇军"的威武（右下图）。

　　中江丑吉（1889 ～ 1942）是一位在北京的隐者，被当时北京的日本宪兵队称为"怪物"。他的父亲是明治期间著名民权思想家中江兆民（1847 ～ 1901）。和父亲的鼎鼎大名相比，丑吉在生前几乎不为人所知。在东京大学毕业后，1914 年首次来到北京，很快定居下来。1933

原说明：在前门留影的本地军人。出处：《圣战从军》，1939 年 10 月刊。

《北京景观》封面。

原说明：中江丑吉最后的爱犬"子僧"（按：日语原意为小和尚）。出处：《中江丑吉的肖像》，阪谷芳直编，劲草书房1991年初版。

年第一次回国，仅仅住了半个月就感觉不适，重返北京。1942年因患重症回国住院（九州大学医院），旋即去世。丑吉在北京最初十年以研究中国古代政治思想史为职志，后来以读书为生，反复研读康德、黑格尔和马克思的原著。战后，依靠生前友人的不断努力，作为思想者，作为"自觉的大众"（丑吉自身的用语），他的形象逐渐为人所知。

当时日本近卫内阁以及华北日军司令部多次召丑吉出山，均被他拒绝。他在与友人的交谈或通信中，抨击日本和轴心国。1941 年 8 月 15 日，他对来访的青年友人预言：日本不仅会失去满洲，朝鲜、台湾都会丢得一干二净。日本将陷入有史以来苦难的深渊（《中江丑吉的肖像》）。他病逝前夕，正是日本偷袭珍珠港不久，苏德战争大势未见分晓之际，却坚信日本必败（《北京的中江丑吉》，加藤惟孝著，阪谷芳直编，劲草书房 1984 年初版）。

似乎让人费解的是丑吉的人际交往涉及三教九流。比如铃江言一是他终生挚友。一说丑吉曾对当时日共领导人，秘密到北京的锅山贞亲说，"铃江改变了我的历史观，我回日本后请让我入党"（《铃江言一传》第五章）。又如日共高层。日共高层从早期的片山潜开始，

原说明：与铃江言一同游北京西山。按：中为丑吉，右为铃江。出处：《铃江言一传》。

秘密来往苏联时，途中多在丑吉处落脚。自然，以上的言行，在远离日本的北京方有可能。再比如一直与之保持来往的发小今田新太郎（1896～1849）是九·一八事变现场日军指挥官之一。不喜抛头露面的丑吉在众目睽睽之下的唯一亮相是五四运动当天。在群情激愤的学生中，他奋不顾身地救护章宗祥和曹汝霖。1979年五四运动60周年之际，当年学运要角之一的许德珩先生（1890～1990）在纪念文章"五四运动六十周年"提及丑吉的举动，可见人们印象之深。

　　章和曹两人与丑吉是旧交。1901父亲中江兆民去世后，丑吉（时年13岁）一家立陷生计困难。在迁入更小的住居后，丑吉母亲开始招揽留学生住宿以补贴家用。入住的恰好是曹（住二年）和章（住一年）。两人就此与中江家人结缘。丑吉到北京后的住处就是曹汝霖提供的。战后在丑吉的名声冉冉上升的同时，也有一些疑惑的声音：为什么五四那一天要救出曹与章？为什么和今田这样的人交往？丑吉友人的看法是：第一，对老友见危相救是人之常情。第二，丑吉在旧交丁士源出任伪满洲国驻日本公使后，当面对丁说，傀儡国家不会长期存续，作为中国人应选择适当时机离开。"七七事变"后，丑吉特地跑到天津见曹汝霖，劝他不要出任伪职（《北京的中江丑吉》）。当得知自己庇护过的日共领导人被捕后变节的消息后，中江说：还不如当年死了呢。丑吉和日本友人关于底线的交谈似也可作为一种参考。他告诫友人：只要坚守几条底线，做其余的事无伤大雅。友人是学校教师，问：何谓底线？丑吉答：以你为例，如不参与杀害战俘，拒绝在北京城墙贴拥护东亚新秩序的标语，绝不讲授皇国经济学。又说，所谓底线依据人对自由的理解，其边界和数量会有变化（参《北京的中江丑吉》）。友人注意到丑吉的一些生活细节异于其他日本人，如拒绝遵行日军在北京强制推行的日本时间，始终把表对准中国时间。如何整合以上种种史料，包括如何界定大节、生存智慧乃至设身处地等等，今人可以继续思考。

原说明：中江丑吉北京旧庐前景。出处：《中江丑吉的肖像》。

　　丑吉喜爱北京。1941 年 10 月在给友人的信中，花了几乎两页的篇幅描绘居所里一株桃树在四季里的变化，大意如下：从 3 月 20 日开始满树花开，自己坐在花下边听蜂鸣边赏花；然后，花儿散落，嫩叶抽芽，候鸟归来停在树间，令人愉快的鸟啭传进了自己破旧的书房。7 月里桃子逐渐成熟，与友人坐在树下聊天时，有时桃子会突然掉下砸在头上。与洋槐、槐树、丁香、枣树、榆树等相比，桃树最先落叶。10 月下旬，秋风劲吹，更兼小雨，在冷彻肌骨的早晨，仰望树叶凋落的树干，极易理解北京人的俗谚：一场秋雨一场寒，十场秋雨就穿棉（《中江丑吉的肖像》）。被丑吉友人称为美文。丑吉当时住所是一座老旧的四合院，是曹汝霖名下的房产。门牌号是贡院西大街 9 号（一说今北京火车站站前，参《我的满铁生涯》，伊

原说明：1942 年秋，在北京举行的中江丑吉告别式。出处：《铃江言一传》。右起：武田凤德（九州大学医院医生。丑吉住院时结交的友人）、伊藤武雄、曹汝霖、阪谷希一（丑吉忘年交阪谷芳直父亲，也是丑吉东京大学同窗，时任"中国联合准备银行"顾问）、铃江言一、加藤惟孝（1910～1972，丑吉忘年交，战后任东京教育大学教授）。

藤武雄著，劲草书房 1984 初版）。

　　1942 年 9 月 27 日，铃江言一在"满铁调查部事件第一次检举（按：逮捕）"中于上海入狱。1943 年 6 月获释，旋与中江丑吉侄女中江浪子（按：舅舅即战后初期的首相吉田茂）在北京结婚。不过，铃江很快肺病复发，仿佛追随中江，回国住进九州大学医院。1944 年佐尔格事件发生，铃江被怀疑对事件重犯尾崎秀实（1900～1944）有思想影响，垂死病中受到警察讯问。1945 年 3 月 15 日铃江病故。友人 5 月在北京中江丑吉墓地旁边为铃江立碑，由齐白石题字。据日本研究者考证，安葬中江丑吉与铃江言一的原北京日本人墓地，在今朝阳区中纺街核桃园北里一带。

　　1943 年 6 月 17 日，在"满铁调查部第二次检举"中，伊藤武雄在大连被捕。关押近一年后获得保释，在大连"赋闲"，1945 年 5 月应近卫文麿召唤回到东京，就任新成立的日华协会总务局长（《我的满铁生涯》）。战后的一项学术研究指出，在关东军向华北地区扩张过程中，时任满铁天津事务所长伊藤武雄组织了冀东地区农村产业实态调查，"应该说这一调查与日军合力而为，收集为日军统治

菲林百年
邻人眼里的中国

满铁調查部
支那抗戰力調查報告
昭和十四年度総括資料
支那抗戦力調査委員会
三一書房版

铃江言一晚年照片。
出处:《黄龙与东风》。

调查报告封面。按:战后三一
书房1970年7月重印本。

所需的基础数据"(《满铁调查部》，小林英夫著，讲谈社学术文库，讲谈社2015年4月初版，第102页)。1937年10月伊藤武雄抵达已成战场的上海，出任满铁上海事务所所长。他的回忆是，"事务所有三百余人，(经费)三百余万日元"(《我的满铁生涯》，第210页)。其时部下有中西功(1910～1973)。中西功1931年结识尾崎秀实，后者1934年介绍中西进入满铁调查部。在上海事务所期间，由伊藤武雄牵头，中西具体负责的"支那抗战力调查报告"影响很大。

写于1970年的"《支那抗战力调查报告》解说"(三一书房出版部撰)的记述是，1940年6～7月中西功与同事具岛兼三郎(1905～2004)飞到东京给政府与军方人员做报告。6月27日在参谋本部与陆军省的报告会上，据称几百名参谋都听得鸦雀无声。当时军方因侵华战争陷于进退两难，不得不考虑如何摆脱困境。报告认为，中国的抗战是全民抗战，军事手段解决已不可能，选择只能是政治解决。但是军方没有采取这一提案，或者说起初就没有更佳方案。选择的不是解决"事变"，而是"南方进出"即向南方（按：今东南亚、南太平洋地区）侵略，突入世界大战的道路。

报告自身除了报送官方约 50 部外并未公开。随着战局恶化，日军走向下坡路，统治当局对满铁调查部的活动日益怀疑。中西的调查报告也被认为是宣扬失败的议论遭到批判。让日本的统治阶级陷入不安的不只是"抗战力调查"，所有调查都具有反战倾向，追求与中国革命的结合。原日共领导人，被捕后"转向"（按：日语，意即叛变）的佐野学（1892～1953）在小菅看守所向当局提出警告，满铁调查部中有六十多名曾经的左翼，必须尽快"肃清"。"帝国主义的权势为自己的阴影而恐惧，于是向自己制造的侵略工具满铁调查部举起了利斧。"（《支那抗战力调查报告》解说，三一书房出版部撰）。中西功在 1942 年 6 月因"中共谍报团事件"在上海被捕，

中西功全家照片，摄于 1941 年。前排左为长女中西准子。出处：转引自《读卖新闻》2011 年 11 月 21 日对中西准子（1938～）的连载采访。中西准子是著名环境科学专家。

《我在中国革命的风暴里》封面

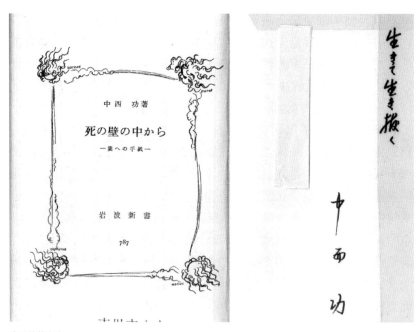

中西的签名本。

随后西里龙夫（在南京）和尾崎庄太郎（在北京）等多人也一同被捕。

西里龙夫与中西功活到了战后，都著有回忆录。西里有《我在革命的上海》（1977 年 7 月日中出版刊行），中西有《我在中国革命的风暴里》（青木书店 1974 年初版）、《发自死牢——给妻子的信》（长达 49 页的序言实为自传。岩波书店 1971 年 5 月初版）。笔者见到一册中西的签名本，扉页上写着：活着（顽强地）活下去。中西序言中写道，"斗争，斗争，斗下去；活着，活着，活下去"是自己在狱中坚持的信念。

中西和西里都是设在上海的东亚同文书院的学生。当时的中文老师中有中共地下党员王学文（1895 ～ 1985）。中西说，"培养我们成长的是王学文"（《发自死牢——给妻子的信》，第 16 页）。西里称，"1934年5月按王学文指示，在兆丰公园（按：今中山公园）与联络员接头，然后由此人领到法租界法国公园（按：今复兴公园）附近一处中国人住宅。两位重要干部——按地下工作常识，不能打听姓名——正在等我，我感到了温暖而又严肃的气氛。我成为了中共党员"（《我在革命的上海》，第125页）。

1945年7月20日与9月11日西里与中西在法院审判时均被判处死刑。8月23日和9月28日，又分别改判为无期徒刑。法庭宣布的理由是："因为战争结束，罪减一等。"西里回忆听到改判时心中暗笑，因确信肯定会被释放，故未上诉。果然，10月8日和10日，西里与中西分别获释走出死牢（《我在革命的上海》258～260页）。

西里与中西都在书中记下了1945年"八·一五"以后的历史细节。

西里写道，"八·一五"后监狱里的空气为之一变。看守为自己打开了平时紧锁的房门。看守们轮流来到监房，询问说，今后（日本社会）会发生怎样变化呢？看守部长说："今后是你们的天下了。"看守们还拿来扇子、手巾，要求签名留念（《我在革命的上海》，第256页）。

中西写道："9月28日在改判无期走出法院后，狱警说，咱们

西里在南京时期，照片右边的陈一峰也是地下党员。出处：《我在革命的上海》。

坐电车回去吧，也没有给我带上手铐。从东京日比谷到有乐町车站的路上正赶上熙熙攘攘的下班高峰时段，狱警自顾自地大步走在了前面。我则跟在后面小跑着才跟上了。我想，成了主客颠倒，都到现在了，我还犯不上这会儿跑掉呢。……10月3日，美国记者与日裔美军翻译来监房采访。记者去其他房间时，剩下了我和日裔翻译两个人。他递上了一支骆驼牌香烟，我吸了一口后，他说，明天会发出释放你们的指令，这么长时间，受罪了。几年来第一次抽骆驼牌烟，但是与其说香烟，不如说日裔翻译的话冲劲儿更大。"（《发自死牢》，第46页）

战后不久的1947年中西作为日共代表当选为第一届参议员。一次参加工会组织的会议时，有人向他打招呼，中西先生，我是某某。过了一会儿中西才想起是法院审判时的书记员，一问，他说现在是全国司法劳动组合的委员长。握手之时，中西差点儿流泪（《发自死牢》，第37～38页）。

8月15日后日本国内外各地奉命烧毁摄影资料的情况如下。

1）同盟通信社。在8月15日天皇诏书广播前三天，摄影部长中田义次郎被召至陆军报道部，接受的命令是，立即将全国各报社拥有的一切战时资料全部烧毁。中田回忆，当时总部所在的日比谷公会堂周围是宽2米长5米的防空壕。因为干版多于底片，于是将其倒入防空壕，花了三天三夜才烧完毁尽，然后埋上。中田说，因为担心不烧毁会给大家惹事才这样做的，几个月后不无后悔地想到，"其实，不烧毁藏起来就行"（"座谈战后日本写真界"，《日本写真家协会会报》1974年9月号，转引自《报道摄影与战争》，第323页，以下引用同书仅标页码）。

2）国际报道株式会社。负责人饭岛实回忆，"陆军报道部指示，毁弃自支那事变到太平洋战争为止的底板。除文化题材的摄影外，所有底板均被废弃，扔到公司后面的河里"（原载《先驱者的青春》，日本工房之会1980年刊，转引自第322～323页）。

3) 林忠彦。在北京，"八·一五"前十天就得知战败信息，立即将"谋略宣传用"的胶卷拿到院子里烧毁。5 万张底片卖给了进驻的国民党军（《摄影师们的昭和史》，小堺昭三著，平凡社 1983 年初版）。

4) 名取洋之助。据与名取一起工作的"派遣军报道部文职写真家"细井三平回忆，战败后接到军命，在一周以内，名取经手的数量巨大的底片和杂志都被烧毁处理。名取在回国三个月前做了胰脏手术，与家人移居上海。因听说可能会被划为战犯，名取说"坏了，回国吧"，拖着病体乘"上海丸"回国（中西昭雄"名取洋之助留下了什么"文，载《朝日照相机》1980 年 9 月号，转引自第 364 页）。

当然，匆忙烧毁的不只是摄影人。一名宪兵的回忆是，"8 月 15 日在南京出差中听到日本无条件投降之事，最烦心的是在南京宪兵队地下室里堆满的中支（按：中部支那）宪兵队全部的历史、战史、阵中日志。于是我委托南京宪兵队庶务（按：总务人员）抚木文雄准尉烧毁，花了两天两夜终于烧光"（《回顾大陆宪兵录》，久保田知绩著，三崎书房 1971 年初版，第 243 页）。

不过，也有例外。关东宪兵队司令部将大批文件深埋于地下。1953 年 1 月，吉林省政府院内（原宪兵队司令部旧址）翻修工程中，意外发现了这些文件。以后经过补修整理，移送到省档案馆，成为研究者包括与日本学者合作研究的重要参考资料（参《满洲国的实态》，小林英夫、张志强合编，小学馆 2006 年 6 月初版）。

第四类，私人摄影。战时有些日本人包括军人自带相机来华，同时，媒体记者不直属军队系统，摄影仍有一定活动余地。在严密的军方检查制度下，军人寄发的信件与物品非经检查，不能放行。媒体照片同样如此，被打上"不许可"印记的照片则不可刊用。百密一疏，少数军人（特别是战事较为"顺利"的初期）自行带回若干底片或照片。日本战败后，检查系统不复存在，有人将照片或底

片带回。后来，因各种原因包括当事人年高或过世，私人所存照片
有些流向旧书或旧货市场。日本的研究者早已关注此类信息。1986
年 8 月 15 日出版的《朝日画报》率先刊载了冈本大尉的个人战时摄
影①。而报社在战后发现当年"不许可"的照片仍然保存在资料库中。
以下是几组私人照片。

　　○ 一个日军少尉眼中的江南。

摄于 1938 年初常熟沦陷后不久。摄影者名小野正男，军医少尉，毕业于九州医专（今九州大学医学部前身），隶属于第 48 联队野战医院。画面后部，常熟名胜方塔清晰可见。前部则是断墙残垣，八十年后，似乎还能嗅出炮火硝烟的气味。原说明试译如下：与虞山相邻的是飞机轰炸的痕迹。冬日的阳光与白墙。暖暖和和，尽享愉快时光。一直是散步和健康的生活。我们游览虞山和城内，城外的田园风光。幸运的是每天都是蔚蓝天空，温暖阳光。在上海时令人惊恐的（中国）残兵游勇一个也没有。一周的常熟驻留实在是惬意得很。按：少尉"坦率"，无需再做任何说明了。

---

① 参《日本写真全集》第 4 集冈本大尉的照片及说明。说明文作者也是照片保存者足达
　　和子是冈本的侄孙女。

与上一张合为一组。是断墙残垣的近景。

原说明:看南京中山门,1938年初。1938年3月16日《朝日新闻》以"不惧牺牲,活跃在卫生队"为题专门介绍了这个小野。

○ 一个少佐眼中的华北。同样来自一册私人影集。摄影兼整理者是一名少佐。

原说明：占领石家庄车站。

原说明：卢沟桥。

大同石窟。

天安门。

原说明: 北京北海, 昭和15年1月。按: 这名少佐戎装在中国名胜古迹前留影, 而且在每张照片旁写下密密麻麻的感想。看到这些照片时总想起南宋词人张孝祥"六州歌头"中的一句"洙泗上, 弦歌地, 亦膻腥"。

○ 四名士兵眼中的华北。均为日军私人相册。共三册。

主要是驻扎天津及其周边地区的记录。部分为人工着色彩照。

原说明：昭和 17 年（1942）8 月于天津英租界战斗司令部庭院（与）秋叶军曹。按：左为影集持有者。

原说明：小北镇警备队望楼，昭和 16 年 6 月 15 日。按：左为持有者。不过日子并非悠闲自在。

原说明：昭和 16 年（1941）冀东作战、冀中作战（我国战史称：冀东 1941 年 5 ～ 7 月反"扫荡"与冀中第 10 军分区 1941 年 6 ～ 7 月反"扫荡"作战。参《中国抗日战争史》下卷，第二十七章 敌后抗日根据地军民的艰苦抗战。军事科学院军事历史研究部著，解放军出版社 2015 年修订版，以下引用仅标书名）。

原说明：第七中队讨伐队先头 大本中尉（指挥班）（霸县北门附近）。

原说明：讨伐。

原说明：天津李家口警备队。

原说明：天津李家口警备队。

影集中没有任何战斗的场面。或可以说图中的场面已经是军方允许的最大尺度。即使如此，作为私人影集，稍稍掀开了几许"日常"。较之官方出版物，留给今人的参考价值仍然存在。

○ 一个士兵眼中的华南。距京津三千里之外的两广地区。

和见到的其他私人相册一样，是在本人回国（调防？）后而不是战后就做过相当仔细的整理。包括尽量标出行军路线和时间，并按此顺序摆放照片。不少照片旁边注有说明。按：图片说明仅录译文，时间改为公历，括号内文字为笔者所加。

1939 年 12 月中旬，中国军队进逼被占领的南宁地区（日军为第 5 师团），日方急调第 18 师团，近卫混成旅团等部队，1940 年 1 月下旬发起反击。持续十四天的作战。击退中国军队。日本战史一般称为，宾阳作战（参《日中战争》第 8 章 1940 年的作战，河出书房新社 1990 年初版），我国史书将此役前后的一系列战事通称为桂南会战，指出日军在攻取宾阳后，"(1940 年 2 月)3 日再次占领昆仑关，8 日进占武鸣后开始撤退，沿途烧杀劫掠，残暴至极，至 13 日大部退回南宁"。之后，"（第四战区部队于 1940 年）10 月 13 日开始围攻龙州，23 日在郁江北岸发起全面攻击，28 日克复龙州，30 日收复南宁，到 11 月 30 日，日军全部被逐出桂南"（《中国抗日战争史》中卷 第二十二章，第 408 ～ 414 页）。

NO.1
昭和14年11月30日 →
昭和15年1月10日
宇品港出港 →広東上陸 →
翁英作戦 →広東→翁英作戦
→黄浦 →竜門湾

NO.2
昭和15年1月10日 →1月24日
竜門湾上陸 → 蚊虫山 —
→ 南寧警備

NO.3
昭和15年1月25日 →2月25日
賓陽作戦 →南寧 —
→広東出張（故森中隊長外
戦死者遺骨受領のため）

NO.4
昭和15年2月 → 7月
広東 → 南寧 →野戦病院入院 —
→ 双釣村警備 →南寧

NO.5
昭和15年7月 → 8月
広西省南寧 → 那安村警備
→ 南寧警備

NO.6
昭和15年9月 → 10月
南寧 →佛印国境北江警
備 → 南寧警備

NO.7
昭和15年10月 → 11月
南寧撤退作戦 →唐家湾上陸 →中山県石岐市

NO.8
昭和15年11月 → 12月
石岐市 → 内地帰還

第1册，1939年11月30日～1月10日 宇品港（今广岛）出发→登陆广东（即广州）→翁（源）英（德）作战→广东→翁英作战→黄埔→龙门湾。第2册，1940年1月10日～1月24日 登陆龙门湾→蚊虫山→南宁警备（任务）宾阳作战。第3册，宾阳作战→南宁→出差广东领取故森中队长及其他战死者遗骨。第4册，1940年2月～3月 广东→南宁→野战医院住院→双钩村警备（任务）→南宁。第5册，1940年7月～8月，南宁→那安村警备（任务）→南宁警备（任务）。第6册，1940年9月～10月，南宁→佛印（法属印度支那）国境北江警备（任务）→南宁警备（任务）第7册，1940年10月～11月，南宁撤退作战→登陆唐家湾→中山县石歧市。第8册，1940年11月～12月，石歧市→回到国内。

上图是原图，下图是照片的放大。原说明：第4册：昭和15年5月22日广东（按：即广州），迎接故中队长遗骨，26日在黄埔（港）乘船，27日在船上发烧至39度8分。29日恐有龙卷风，发烧至40度。南宁3月9日住进野战医院。6月20日退院。一双沟村警备一昭和15年7月一南宁。广州市街，可见教会尖顶。按：未提及或未便提及病情和长达三个月的住院详情。

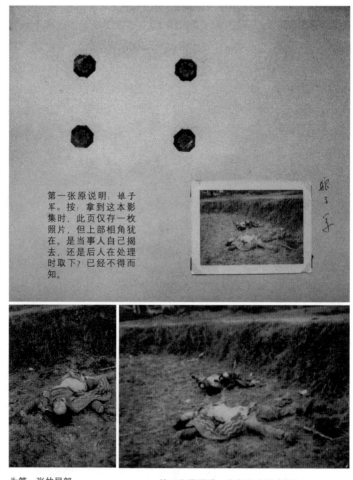

第一张原说明：娘子军。按：拿到这本影集时，此页仅存一枚照片，但上部相角犹在。是当事人自己揭去，还是后人在处理时取下？已经不得而知。

为第一张的局部。

第二张原说明：被射杀的娘子军（学生证 广西大学学生）。

　　如果说上面的一切接近流水账，而在厚厚的第三册中还有这样两张照片。笔者接触到不下十多种战时侵华日军私人影集，这种惨不忍睹的画面是仅有的。

○某个日军中尉的"日常写真"系列。三册私人影集，封面墨书第4、5、6册，为何不全，已无从知晓。以察哈尔省南部涿鹿县（今属河北省）的驻扎记录为主，其中有多枚山岭野花与田间小草的照片。每张照片旁贴有标明时间和地点小条。不妨说，相当"日常"。似可称为渡边中尉的"日常写真"。根据地名和时间，能够确定渡边所属部队的住地，也能大致推断该部于 1942 年年初参加所谓鲁中作战，4 月参加所谓冀中作战（按：我国战史一般称为"反扫荡"）的行军路线。

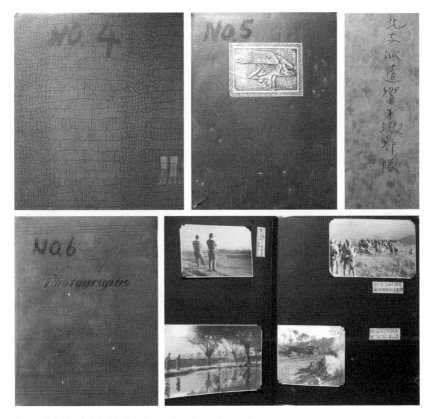

第六册影集封三有作者的钢笔署名：北支派遣军响字 5332 部队。

第一，据点在高家庄，即今涿鹿县辉耀镇高家庄村。属北太行山
区。笔者查到的现今介绍短短两行：2011年，366人，132户。地处山区，
少砾质轻壤中层碳酸盐褐土土质。清初一家姓高的到此落户，起名高家
庄。又，涿鹿县城距张家口67公里，距北京市区136公里。网上资料称，
近年从高家庄为起点的爬山活动开始引起驴友的兴趣。第二，该部隶属
北支那方面军（按：司令冈村宁次）驻蒙军（按：推测为当时的察哈尔
独立混成第2旅团独立步兵第1大队，参《华北治安战2》第二章，战
史丛书，朝云新闻社1971年4月初版，第45页，以下引用仅列书名）[1]。

第四册首页照片，尺寸24.5×22cm，背面有铅笔手书：（昭和）16.7高家庄。

尺寸 24.2×20.5cm。背面原说明：水
仙，昭和 16 年 6 月 29 日于黄草岭南
方高地。并盖有某中尉朱章。

按：在山溪边洗浴的日军。

---

① 《战史丛书》直接与中国有关的各卷如下（年月为初版时间）。

　　1）第四卷《一号作战 (2) 河南会战》，执笔者长尾正夫，1967 年 3 月。

　　2）第十六卷《一号作战 (2) 湖南会战》，执笔者长尾正夫，1968 年 5 月。

　　3）第十八卷《北支治安战 (1)》，执笔者森松俊夫，1968 年 8 月。

　　4）第二十七卷《关东军 (1) 对苏战备，诺门罕事件》，执笔者西原征夫，1969 年 7 月。

　　5）第三十卷《一号作战 (3) 广西会战》，执笔者长尾正夫，1969 年 10 月。

　　6）第四十二卷《昭和二十年的支那派遣军 (1) 一至三月》，执笔者长尾正夫，
1971 年 2 月。

　　7）第四十七卷《香港·长沙作战》，执笔者赤阪幸春，1971 年 7 月。

　　8）第五十卷《北支治安战 (2)》，执笔者森松俊夫，1971 年 10 月。

　　9）第五十五卷《昭和十七·十八年的支那派遣军》，执笔者高山实，1972 年 5 月。

　　10）第六十四卷《昭和二十年的支那派遣军 (2) 一至终战》，执笔者长尾正夫，
1973 年 3 月。

　　11）第七十二卷《中国方面海军作战 (1) 至昭和 14 年 3 月》，执笔者市来俊男，
1974 年 3 月。

　　12）第七十三卷《关东军 (2) 一关（东军）特（别）演（习），终战时对苏作战》，
执笔者西原征夫，1974 年 6 月。

　　13）第七十四卷《中国方面陆军航空作战》，执笔者杉本青士、三浦正治，1974 年 7 月。

　　14）第七十九卷《中国方面海军作战 (2) 一昭和 14 年 3 月以降》，执笔者后藤新
八郎，1975 年 1 月。

　　15）第八十六卷《支那事变陆军作战 (1) 一至昭和十三年一月》，执笔者森松俊夫，
1975 年 7 月。

　　16）第八十九卷《支那事变陆军作战 (2) 一至昭和十四年九月》，执笔者伊藤常男，
1976 年 2 月。

　　17）第九十卷《支那事变陆军作战 (3) 一至昭和十六年十二月》，执笔者赤阪幸春、
山下义之，1975 年 11 月。

　　关于战史丛书，日本学者已有较多评介。可参日本《历史学研究》1977 年 12 月号（青
木书店刊）藤原彰书评。

因缺前三册，无法判断日军首次进驻时间，不过第六册中注明时间最晚的照片为昭和18年（1943）10月，则至少在此驻扎两年以上。照片里左上的标语是"爱护道路、爱护电话、爱护村"。此类宣传在当时日军所摄照片中并非稀见。

同6月29日摄影，尺寸15.3×11cm。按：提示人们，某中尉之意不全在水仙。

原说明：7月2日椴木沟。

原说明：7 月 11 日倒拉嘴。按：据点外部，防御用高墙和宽沟。

原说明：7 月 18 日倒拉嘴。按：据点内伪军操练场面。

又，据网上资料，倒拉嘴今为大堡镇。传说少昊与刑天在此地
械斗，少昊的嘴被刑天斧刃划伤，嘴角耷拉了下来，后人遂名"倒
拉嘴"。现有两周时期人类居住遗址两处。1996 年前为倒拉嘴乡政
府驻地。

倒拉嘴对于渡边的镜头来说，还有一个重要意义：日军墓地和
墓碑。照片显示，墓碑至少有两处。综合该页三张照片，已可将墓
碑文字信息基本还原。

图 3–165（下）墓碑正
面：大日本勇士之墓。
左侧：于上河村附近之
战斗。右侧：昭和十五
年九月二十四日。按：
按时间推测是死于百团
大战之中。

该中尉参加了鲁中作战。

高家庄的"日常"有被打破的时候。

没有或自然没有鲁中作战场面的照片。不过，返回涿鹿驻地后的照片透露了一点信息。

原说明：昭和17 年 1 月 30日德县。按：今德州。城内。天候严寒。

原说明：昭和17 年 2 月 5日临朐。按：已经抵达沂山北麓。

原说明：昭和17年2月7日（临朐）七折－大关间。按：欢迎日军的三人。另一人立于日军旁边，似为向导。三人中的年轻人挥着膏药旗，旗杆显为秫秸，表情近于无奈？别人都戴着帽子或没有帽子，前列年长者则将帽子拿在手上，神情卑怯。

原说明：昭和17年2月于鲁中作战。按：只有这张标明"鲁中作战"字样，但未标明地点。

原说明：2 月 14 日益都。按：今青州。"黄族复兴 东亚和平"标语右有大学眼镜的广告。这一广告在本节老照片中是第三次出现。

原说明：2 月 14 日博山。按：时间或误记。一日内难由益都抵达博山。

原说明：2 月 17 日鲁村入城。按：今沂源县鲁村镇。

原说明：昭和 17 年 3 月 17 日小河兵长慰灵祭于矾山。按：应是鲁中战死者。

又，网上资料：矾山镇为古涿鹿之野，为黄帝都邑。汉为涿鹿县治（今矾三堡），唐辽金三代为矾山县治（今矾山镇），明初置矾山镇堡。1938 年宣涿怀联合县抗日政府驻本镇。1949 年后地名递改为灵泉公社、矾山公社和矾山镇。

日本战史记载如下："鲁中作战（十号作战。2 月 5 日～26 日），以临朐南部、东南部山区为根据地的于学忠部队不断蠢动，为击破该部，以 19 个大队（驻蒙军独立步兵第十一联队有 3 个大队参加）于 2 月 5 日发进，缩小包围网摧毁了敌军核心根据地。12 日以降，转入第二期作战，到 26 日为止，在沂水东北部和西北部扫荡同时，部分兵力进入日照县北部地区追击于学忠，终未能捕获。"（《华北治安战 2》，第 45 页）。

一个月之后某中尉所属部队再次出动。目标是冀中即参加五·一大扫荡。影集文字说明：4 月 15 日傍晚到沧县，22 日早晨离开。4 月 27 日在张多村，有掳获武器。5 月 4 日抵达肃宁县城。5 月某日（按：未署日期）进入河间县城。不知是无需或是已获许可，照片中出现了俘虏场面。

日本战史记载，关于"冀中作战要领第三部分"，计划分为第一期和第二期作战，第一期（5 月 1 日开始约 10 日间）"小川部队于河间、肃宁地区实施扫荡"。第二期作战（5 月 11 日开始约 5 日间），"第四十一师团……，白泷部队……，小川部队从河间、肃宁地区向饶阳，分别急袭攻击将敌包围在三角地带歼灭之"（《华北治安战 2》第二章 昭和十七年前半期的治安肃正，第 158 页）。"5 月 4 日以降到 9 日左右为止，小川部队以河间、肃宁为据点，对子牙河、滹沱河北岸地区实施扫荡……取得相当成果。但是，沙河、水道沟河沿岸地区，被称为中共在平原地区据点的模范地区，交通壕、地下壕甚为发达，几乎所有的村子都有地下设施（按：即地道），甚至有连接三个村子，约 7～8 公里长的地道。还有村民们抗日意识极强，为半农半兵的

原说明：昭和 17 年 3 月 17 日 兰印降伏祝贺会。按：兰印即当时的荷属印尼，太平洋战争中日军攻占此地，荷军降伏。一时日军气焰嚣张。或为心情所致，某中尉当日在镇上还拍了两枚民风照片。这在此影集中是仅有的。

原说明：5 月 15 日
停房。右（为）山本
中尉。按：左为某
中尉，未标明地点。

原说明：5 月 15 日
停房。按：某中尉
影集中唯一出现抗
日军人的场面。

状态，连老幼妇女也组织起抗日团体，因此，各队实施肃正遇到极大困难。"（同上书，第 163 ～ 164 页）。

影集中还记录了来自日本国内的慰问团。

原说明：17 年 3 月 31 日于高家庄 大阪市慰问团。另外：上图里台下坐着许多当地的孩子。这应该是摄影者需要的场景。

原说明：17 年 8 月 30 日于高家庄 慰问团。按：某中尉影集在半年中两次出现来自国
内的慰问团。3 月的一律洋装，8 月的则为和服，应为传统剧目慰问演出。

　　据日本研究资料，慰问组织的派遣，最早可追溯到"九·一八"后不久的 1931 年 12 月。当时《朝日新闻》与新兴的娱乐公司（大阪）吉本兴业联手向满洲派出了第一个慰问团。虽然规模很小，但是给后来提供了经验。昭和 13 年（1938）1 月，《朝日新闻》与吉本兴业再度联手，派出较大规模的慰问团，并起名爆笑慰问突击队（爱称，わらわし隊，walawasi 队），分成两路来到华北和华中。成员均由当红搞笑艺人组成，行前还在东京与大阪举行了盛大的欢送仪式。以后又连续派出慰问团组，一直持续到昭和 19 年（1944），但是人员减少，媒体也不再报道。原因是"战局恶化，很难使用爆笑名称了。换言之，'身处非常时期为何笑逐颜开'，'笑'渐成忌讳用语了"（《戦時演芸慰問団·わらわし隊の記録ー芸人たちが見た日中戦争》第一章、第八章）。除爆笑队外，还有多种形式的慰问团组。形式如渡边的照片那样，一般为唱歌和演奏。

　　据日本陆军统计，自昭和 13 年（1938）4 月～ 16 年（1941）8 月，经陆军恤兵部派遣的慰问团组有（按：括号中地名称呼为笔者所加）：

满洲（东北），21 个团组，166 人，演出时间，970 天。

北支（华北），38 个团组，435 人，演出时间，1,594 天。

中支（华中），43 个团组，382 人，演出时间，2,182 天。

南支（华南），20 个团组，197 人，演出时间，1,160 天。

合计　　　 122 个团组，1,180 人，演出时间，5,906 天。

各都道府县派遣的慰问团组有

满洲（东北），45 个团组，405 人，演出时间，1,525 天。

北支（华北），72 个团组，647 人，演出时间，3,026 天。

中支（华中），66 个团组，609 人，演出时间，2,831 天。

南支（华南），54 个团组，422 人，演出时间，2,010 天。

合计　　　 237 个团组，2,083 人，演出时间，9,392 天。

　　研究者指出，以上记录仅限于陆军，如果加上海军，数字将更多。

　　但是能看到此类慰问的士兵仅是一部分，很多士兵至死也未见过一次（转引自上引书第八章，第320～321页）。

　　这样看，某中尉所属部队或属"幸运"，原因可能是地处北京附近。又，中尉所属部队来自大阪，故有来自老家的慰问团。

　　与前述几本私人影集不同，中尉影集第六册首页中夹着几张新

原说明：昭和17年9月13日于高家庄。

原说明：10 月 4 日（高家庄）。按：是第六册最后一张，也是时间排序最靠
后的一张。推测某中尉可能是与前述老照片集的摄影军人一样，换防回国了。
同时将照片（或底片）带走，在国内冲洗整理后存放起来了。

照片。

　　○ 日方组织的"大陆风物写真"（按：风土人情摄影）征集照片。
多数背面写有题名、摄影参数和作者联系方式。部分盖有沦陷区日
本机构的"检阅"即许可章。因尚未找到有关资料，从底片背面文
字推测，应是官方组织的一次活动，时间是 1940 年下半年。推测是
参与此事人员留下的部分洗印照片。以下选载几幅。摄影出自民间
人士之手，但因是投寄官方组织，而且必须先通过军方检查才能送
达，因此，已经与一般私人拍摄拉开了很大距离。

某中尉影集第六册中的此照摄于战时，照片中有钢笔书"兵舍"（按：兵营或据点意）
两字，字下划线所指处，当是高家庄。影集照片中出现钢笔字仅此一处，极可能是战后
所加。因为影集中与此照放在一起的还有一枚新照片，照片背景与此照相同，前景一位
老人，大衣围巾，倚着护栏。应为1980年代以后。易让人推测是故地重游。是老年某中尉？
如是本人，远眺四五十年前的山河，会有何种感想？钢笔字是重访时划上？

原题：(北京)永定门外。投稿背面文字（按：标点为笔者所加）：摄影时间：昭和15年8月下旬晴下午五时半。德国蔡司镜头，曝光百分之一秒，樱花牌放大机放大。解说：北京城外永定门附近的风景。前景中的像掸子样及铁圈样的东西是笤帚铺和五金店的商牌。应募者（按：投稿人）中华北京东单三条同仁会北京医院内 小林清治。

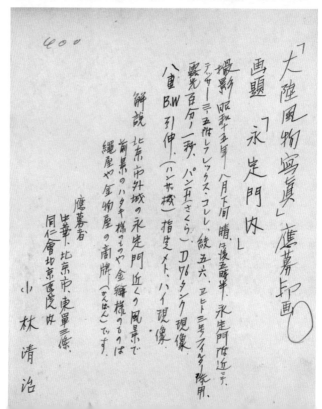

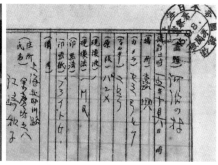

河畔村庄 嘉兴。照片背面说明：（摄影时间）昭和 15 年 10 月 6 日 应募者上海
北四川路余庆青坊五八 江崎和子。按：背面左上朱章：上海日本帝国总领事馆
警察署（昭和）15 年 10 月 8 日检阅济。按：检阅济即通过检查。

原题：战迹之秋。背面原说明：场所 上海郊外江湾 时间 昭和 13 年 (1938)10 月 作
者 汉口市中山路二四六 大久保青塔。落叶满地的时节，对着凭吊战场途中被毁坏
的寺庙大门，涌起感伤之念。按：时值八·一三战事一年之后。

　　回望上面的私家照片，有些在客观上多少接触到战争的残酷。
但是，摄影者的目的不是也不可能是揭露，更不用说那些出自官方
和军方的宣传摄影。由此联想到以南京大屠杀为代表的多处杀戮，
欲从当年公开的图片中寻找有关资料，近乎缘木求鱼。创巨痛深，
正义在手，仍应坚持严谨的态度和做法，以避免让右翼分子获得煽

动的口实。以下是几种涉及南京的战时刊行物。

《南京攻略写真帖》1938年1月
东京尚美堂刊，尺寸11×10cm。
按：汇集军方和媒体已发照片而
成。"客观"的场面仅是下图。

原说明：江阴城门被炸开
的瞬间。出处同上。原出
处：《朝日新闻》刊行《支
那事变画报》。

中支派遣军报道部刊行的
"南京战迹案内（指南）"

《败战·引扬（按：归国）的恸哭》，饭山达雄摄影解说，
国书刊行会 1979 年 10 月初版。一幅照片原说明是：
男装少女。胸前抱着母亲的遗骨。她呆滞的眼神里深
藏着对战争的诅咒。出处：《败战·引扬的恸哭》。

军部于 1937 年 12 月 13 日午
后十时的公告：我进攻南京军
于 13 日傍晚完全占领南京。在
澄明天空下，夕阳辉映着日章
旗，皇军的威容压倒了紫金山。

日本战后出现了正视历史，并且勇敢地拿出照片证据的人士。战后初期，即民主主义思潮在社会上声势较大的时期，一些有良知的人士开始了揭露和反思。有关内容见下节。

1945 年 8 月日本战败投降。据日本方面统计，战败时滞留在外的日本人包括军队高达 660 万人，以在中国的最多，其中"满洲·大连"1,271,479 人，大陆其他地区 1,541,840 人，另在台湾 479,544 人①。战后刊行了多种记录日本民众回国的影集。

---

① 转引自《朝日新闻》2016 年 8 月 28 日。

第四节　和平归来
1949 年至今

一　战后初期的日本摄影界

"国破山河在，城春草木深。"不少日本人在战后初期常常吟诵这句唐诗。与其他行业一样，战后初期的日本摄影界同样经历了混乱、不安和逐渐复兴的过程。为了维持基本生活，许多职业摄影家只好开设相片冲洗小店，服务对象多是美国占领军。名家木村伊兵卫和土门拳也不例外，在自家门前摆起冲洗店。也有落魄者。在战争后期升至陆军中将的清水盛明，战后不久身着便服，叩开摄影图片社大门，要求给碗饭吃，"哪怕是校对的活儿也成"（《报道摄影与战争》，第 465 ～ 466 页，以下引用同书只标页码）。成为对照的是另一名大员林谦一，因为曾为摄影人，重返业界（第 464 ～ 465 页）。

在战后改革和民主化潮流的背景下，1950 年代初期摄影界一个重要动向是现实主义摄影。时任《カメラ（摄影）》编集长（主编）的桑原甲子雄在 1992 年回忆，"那是个吃不饱饭的年代，所以说到底必须正视现实"。当时初出茅庐的田沼武能（1929 ～，1995 ～ 2015 年为日本写真家协会会长，师事木村伊兵卫）回顾说，"不是左翼（分子）就不能成为文化人啊，就是那样一个时代"（"座谈会——东京摄影新闻人的潮流"，《日本列岛写真人评传》，日本写真企画 1992 年刊。转引自第 389 ～ 390 页）。1952 年 4 月 28 日旧金山和约生效，关于核爆报道的管制被解除。日本当时一下子出版了多种广岛核爆摄影题材的书籍。老摄影人渡边勉高度评价其中的《战争与都市》（岩波书店刊"写真文库"系列的一种），"无论从编辑的主动性还是图片编辑的方法上都远胜其他书籍"（《カメラ（摄影）》1952 年 11 月号，转引自第 392 ～ 393 页）。白山真理指出，渡边的思路是，为了吸引眼球还是发人深思，区分了报道摄影和新闻摄影。（前者）不满足于抓住视线的独家摄影，而是通过编辑的明确见解引人思考（出处同上）。战时不忌讳摆拍的土门拳，战后为纠错，提出"相机直达主题"、"绝对无摆拍的绝对抓拍"的口号，呼吁业余作者投身现实主义摄影运动（第 301 页）。战时曾遭批判的艺术摄影家（如福田正治）在战后初期，抨击甚至挖苦曾经风光的报道摄影家群体。不过，后者在相当长的时期里，仍然在摄影界占据重要地位。改变的是拍摄对象（如军队）和部分手法（如摆拍），有些手法如重视编辑和文字说明仍获沿用。《现实主义摄影》月刊亦应运而生。对于以往战争的认识，包括是否反省和在多大程度上反省则因人、因时期而异。这同整个社会环境的变化有关，也与摄影界的整体状态有关。

　　战后中国题材的摄影数量由少到多，开始是名家和名人的视线，后来是非名家乃至一般民众的大量参与，一个时期曾是"热门"。观察这一题材作品的演变，注意邻人目光变与不变的缘由，不仅可以感知战后日本摄影界变化，也可以成为感知日本社会对外和对华认识变迁的一个窗口。同时，对国人的自我认识，可能也是一个较近的参照。

二　1949 ～ 1976

　　1949 年 10 月，中华人民共和国成立。在日本最早以摄影图片形式介绍新中国的是日中友好协会编著的《写真でみる新中国》（从照片看新中国）影集，东和社刊。日中友协成立于 1950 年 10 月 1 日。

《写真でみる新中国》封面

　　按伊藤武雄的回忆，曾有风见章（1886～1961）为会长，伊藤武雄为理事长的草案，"最后以松本治一郎为会长，内山完造为理事长而起步。风见章任会长草案曾见于当时的人民日报，风见先生最后推辞了，作为近卫内阁的要员，似乎尚未摆脱自责的心情。我推辞理事长也是出于同样的心情"（参《满铁岁月》第八章）。松本治一郎（1887～1966），是社会活动家。

　　内山完造（1886～1959）与鲁迅先生，与众多中国文化界人士乃至与各行各业中国人士的交往，堪称动荡时代的感人一页。1946年内山先生回到日本后，一直致力于日中友好交流活动。在数年之间走了日本很多地方，义务向社会各界介绍自己的中国体验和中国观。从民间层面积极推动日中友好事业（参《花甲录》，内山完造著，岩波书店1960年初版）。

○《岩波写真文库》中的中国

1950 年代，一贯刊行严肃出版物的老字号岩波书店推出一套系列读物《岩波写真文库》。在今天的日本，知者也已不多。在当时，却是出版业一种大胆而成功的创新。在国内经济尚未起飞，出国旅游几乎为零的年代，《岩波写真文库》以专题专辑形式，兼具知识性、新闻性和趣味性。平均每本 200 页，采用较小的 B 6 开本（类似小 32 开），照片附有说明，文字简洁沉稳。全部胶印，物美价廉，颇受欢迎。1950 年 6 月《岩波写真文库》起步，到 1958 年停刊为止，一般每月刊行 3 册，累计刊行 286 种（参《日本摄影全集》第 12 集附录"日本摄影年表"，第 135 页）。策划和主事者正是名取洋之助。《文库》刊行初期即推出一种名取主编的《摄影》，其中写道："（摄影图片）曾利用各种错觉，采用骗术欺骗大众，被有意识地用于战争宣传。为使我们的良知、科学观不受蒙骗，就要学会识破假象。"书中以 1944 年《朝日画报》的照片为实例："这就是战时情报局为煽动'圣战'炮制的骗术之一。将两张原来并无关联的照片排列在一起，加上不负责任的说明文字，用于'对敌'宣传。"研究者认为"名取对战时的活动有反省，不过战后依然坚持'报道摄影'（方式），而且为了发展'报道摄影'，表现了这样的姿态，即与社会分享仅为职业摄影家掌握的摄影知识"（参《报道摄影与战争》第八章第七节，"摄影与启蒙——岩波摄影文库"）。在《摄影》杂志 1952 年 8 月号的连载"报道写真谈议之五"中，名取写道，"（自己）犯下了与军方报道部合作制作照片的过失"（转引自同上书，第 461 页）。1956 年秋，名取来华采访一个月，成果是为《岩波摄影文库》增添了 5 本中国题材的图集。分别是《麦积山》（岩波摄影文库编号 220）、《北京》（编号 221）、《江南——苏州、绍兴等》（编号 222）、《广州·大同——中国：从南到北》（编号 224）和《四川——扬子江等》。以上各集均刊于 1957 年 4 月。

麦積山

《麦积山》（岩波摄影文库编号220）。

北京

《北京》（编号221）。

江　南
—蘇州・紹興など—

岩波写真文庫 222

広州
—大同
—中国 南から北へ—

岩波写真文庫 224

《江南——苏州、绍兴等》（编号 222）。　　《广州·大同——中国：从南到北》（编号 224）。

四　川
—揚子江など—

岩波写真文庫 223

《四川——
扬子江等》。

¥ 100

天安門前は北京人民広場

原说明：天安门广场即北京人民广场。出处：《北京》。

正陽門．門の外は緑地場

原说明：正阳门。门外是绿化带。出处：《北京》。按：今日东京皇居前广场在战后初期一度是大众活动乃至群众运动的场所，被称为人民广场。名取以此向日本读者说明天安门广场在中国的地位。又，本页与下页照片的摄制时间均为1956年9～10月间。

年をとった婦人の服装は変らない

昔と変らない古本屋，数はへった

骨董屋の店先の子供は昔ながらの服

子供も鳥を飼らす

琉璃廠

1926年に新しく開かれた和平門は前門と宣武門の中間にあり，ここから南〜南新華街が走っている。北京の町には幾つかの胡同とよばれる横丁があるが，南新華街と交わる琉璃廠も，胡同の名こそないが昔から骨董と文房具と古本の街として名高い横丁だ。今は店の数も少なくなり，経営は公私合営，かけひきを必要としない公正な正札制度になった。天壇の北側にある金魚池のそばには今でも変り種の金魚を作る金魚屋がいる

本場だけに変ったのがいる

金魚屋

琉璃廠の印材店，ここも

昔ながらの骨董屋，経営は

胡同の内部，中庭を囲んで房

琉璃厂。原说明（顺时针方向）：（左上）1. 老妇人服装依然。2. 旧书店仍在，店铺数量少了。（左下）1. 古董店门前的孩子服装未变。2. 金鱼池旁边的金鱼店。（中上）玩鸟的孩子们。（中下）正宗金鱼店才有的珍奇品种。（右上）印章店也成了合作社。（右中）昔日古董店，公私合营了。（右下）胡同深处。四合院。

左起：卖煮菱角的，卖小刀挂件的。出处：《北京》。

原说明：（西安）从钟楼看北大街。

原说明：（成都）下午公园
的长椅上。出处：《四川》。
按：均摄于 1956 年 10 月。

上海街头。原说明：电话簿中多是街
道或里弄的（传呼）号码。与其说电
话簿外观上的变化，不如说使用方便
的传呼电话这样细微的变化更让人感
到亲切。出处：《江南》。

新中国では労働者階級の指
導する新しい民主主義国家
をうちたてようと努力して
いるが、そのために労働者
農民ばかりでなく、民族資
本家、芸術家、知識人、民
主団体、少数民族、婦人な
ども協力をしている。まだ
建設途上だから、どこかチ
グハグな印象を受けること
もあるが街の気分は明るい
上海では、ようやく自転車
が行きわたり、皆が時計や
万年筆を買えるようになっ
たという。電話帳には町や
里の名義のものが多く、呼
出しや伝言に気易く応じて
くれる。外観上の大きな変
化よりも、こんな些細な変
化に知って親しみが持てる。

南の通济门近く、市内を東西に流れる秦淮とよばれる運河は、秦の始皇帝によって開かれたといわれている。かつては、この運河の両岸に紅灯を点じた妓楼が並び、流れには、美酒と美姫を積んだ画舫（屋形船）が浮んだ。河水は汚く淀んでいたが今はすっかり浚渫され、澄んだ水面に土堤の緑樹が明るい倒影を映している。古い料理屋や、南京名物の鴨の干したのなどは残っているが、中華路の東、秦淮に臨んだ夫子廟あたりの歓楽街は今はない。この歓楽街は昔から北京前門のそれと共に特に有名だった所である。

原标题：菜市场里应有尽有（左）。秦淮河（右上）。夫子庙（右中）。变干净了的秦淮河（右下）。原说明：曾经肮脏的秦淮河已被疏浚，干净了。堤岸的绿树倒映在澄净的水面上。老字号饭店，南京名产板鸭还在，夫子庙附近的红灯区不复存在。出处：《江南》。按：摄影时间均 1956 年 10 月。

天水市人民委员会

民主同盟天水市委員会

地 方 行 政

中国の少し大きな街に必ずあるものは鼓楼と鐘楼、それに人民委員会、共産党委員会、民主同盟委員会である。このうち人民委員会は行政執行機関で省、県、市、郷、鎮など、それぞれの行政単位を統轄し、市以下の委員会は直接選挙による人民代表大会に、県、省の委員会は間接選挙の人民大会に責任をもつ。共産党委員会はいわば党支部、民主同盟は共産党ではないが、現政権を支持している諸政党の組織。この二つの支部は軒を並べていることが多い。

運動場の入口。フランス映画のポスター「禁じられた遊び」

天水市の住宅街

共産党天水市委員会

天水市の大通り、正面

豆を運ぶ

原题：(天水)地方行政。原说明：天水市人民委员会（左上）。运动场入口，电影广告是法国电影《禁止的游戏》（左中）。天水的住宅区（左下）。民盟天水市委门口（中上）。中共天水市委门口（中下）。天水的大街，正前方是鼓楼（右上）。搬运豆类的驴子（右下）。

岸の石崖は花壇

蛋民の子供

蛋　　民

珠江の岸にぎっしりと並ん
だ蛋民の船は昔から広州の
名物であった．その数はお
よそ30万人．漁業の外，珠
江水系の水運に従事してい
る．彼等は一生を船で送り
以前は上陸することはもち
ろん，陸上の人々との交際
交通の自由すらもなかった.
今は一切の身分的制約から
解放され，船着場には水道
もできている．住居も陸上
に移す計画も進行中で，子
供たちは陸の子にまじって
市内の学校に通いはじめた

蛋民の船は大小さま

魚獲りのうけをあげる

船の台所の朝食

通学する子供

（广州的）疍民。原说明. 岸边石壁即为花坛（左上）。
船上的早饭（左下）。蛋民的孩子（中上）。上学的
孩子（中下）。蛋民的船只大小不一（右上）。卸下
收获的鱼类（右中）。放学回船的孩子（右下）。原
说明. 珠江岸边密布的蛋民船只从来都是广州市名产。
人数约30万。除渔业外，还从事水运业。他们终生
以船为家，以前不仅不能上岸，连与陆上居民交往的
自由也没有。现在从种种身份限制中获得解放，能停
靠码头和用水。移居陆地的计划也在进行中，孩子们
也和陆上居民的孩子一样，开始到市内的学校上学。

　　初访中国的摄影人绝写不出如此的说明文字。名取此行是旧地重来。他的足迹印在曾经的北京、江南和广东，还首次来到四川和大同，甚至进入甘肃天水，作为外国摄影家，第一次拍下了麦积山。小册子《麦积山》显不能囊括收获，次年以《麦积山石窟》（201 页）为名，推出 16 开精装本影集（1957 年岩波书店初版，尺寸 20×20cm，1978 年重刊）。名取摄影配说明文字的手法过去服务于战争，战后未放弃手法本身，并为许多摄影人沿用。因此，考察战后日本的中国题材摄影时，关注说明文字同样重要。

深圳口岸。原说明：过境桥。对面就是中国（大陆）。
出处：《广州·大同》。按：1956 年 9 月的深圳。

1955 年 6 月的北京。

访北京师范大学陈垣校长，左为桑原。

与哲学研究所成员合影。本页出处，均为《苏联·中国之旅》。

《中华人民共和国》朝日写真读本16号，
1956年10月初版。

原说明：从中国回国的人们 于塘沽新
港。根据昭和28年（1953）3月在北京日
本红十字会与中共（按：当时日本对新
中国的一般称呼）红十字会的协定，已
经归国的日本人已达28,000人。出处：《中
华人民共和国》。朝日新闻社提供。

　　稍早于名取，1955年5～6月日
本学术考察团成员，著名文化人桑原
武夫（1904～1988，父亲是桑原骘藏，
参第一节）来华摄影编入"岩波写真
文库"（编号159），题《苏联·中国
之旅》，岩波书店1955年8月初版。

　　与《岩波写真文库》问世大致同
时，朝日新闻社刊行《朝日写真读本》
系列读物。制作形式与前者相似，开
本则是大了一倍的16开。其中有两
种中国题材的摄影集，

参加庆祝天兰铁路通车的日籍技术人员合影。出处：承蒙日籍员工后人提供。

○ 50 年代回国的日本侨民中不乏留用的日本技术员工。1980 年代以来，国内有关介绍与研究陆续问世。近年还有影像作品（如香港凤凰电视台制作的纪录节目），如东北老航校的介绍。第一代飞行员的培养（如战斗英雄王海、刘玉堤等）就有日本教练的工作。日本国内同样有研究。如研究指出，1949 年在东北地区留用的日本各种技术人员、医护人员以及职工为 34,000 人。1950 年 10 月～1953 年初有 285 名日籍技术人员（含家属共 929 人）参加了天（水）兰（州）铁路建设，1953 年 3 月至 1958 年 7 月回国的 32,506 名日籍人员中就包括参加天兰铁路建设的人员（参《天水"留用"一千天的记录》，堀井弘一郎著，论土社 2015 年初版。该书引用中国外交部档案馆资料以及《天水机务段志 1945～1995》，1995 年版）。不过，曾属精英的原东北航校日籍教员回国后多数生活在底层，务农或开小店谋生，有的人则开始从事对华贸易。在 1970 年代中日恢复邦交前，他们中很多人成了推动日中友好的积极力量（参《友谊铸春秋——为新中国做出贡献的日本人》，新华出版社 2002 年 9 月第一版）。

《我见到的中国》封面　　　　　　　上海南京路。出处：《我见到的中国》。

　　说到 1950 年代中国题材的摄影作品，必须提及滨谷浩（1915～1991）的《我看到的中国》（河出书房新社 1958 年 8 月初版，套封精装胶印，尺寸 30×30cm）。多年后他在回忆录《潜像残像》（筑摩书房 1991 年初版）中，用一节（第四十六节）回顾了 1956 年秋访华 46 天的经历。1956 年 9 月 30 日，滨谷随日本文化代表团出席当年的国庆招待会（在北京饭店举行）。他以锐利的专业眼光按下快门，也记下了自己的观感，特别是对周总理的观感。周恩来站在大厅入口，与到会的三千多名来宾一一握手，滨谷浩与有荣焉。他写道："周恩来的手温暖柔和，而且握手的时候正面注视着你，眼角和嘴角都绽开笑颜。和三千多来宾都如此握手真是不得了。这是经过法兰西文化熏陶的优雅风度，经过延安锤炼的铁人风格。接着周总理向一百多桌来宾逐一敬酒。与客人干杯时将葡萄酒一饮而尽，并将杯底朝向客人，示意已经喝完。这也是了不得的。然后周总理走出大厅，我一直紧跟着他，周总理来到一个四周无人的小桌前坐下，用手托着前额，闭目养神，刚才神采奕奕的周总理一下子显得苍老起来，我真不忍心看下去，没按动快门，独自走回喧闹的大厅。"

1957 年 5 月东京的高岛屋百货商店举办了《我见到的中国》摄影展（《日本摄影全集》第 12 集附录"摄影大事年表"，第 113 页）。该作品获得 1957 年第一届日本写真批评家协会奖（同"年表"，第 113 页），还和滨谷另外两部作品《雪国》（每日新闻 1956 年刊）、《里日本》（新潮社 1957 年刊）一起获得 1958 年日本写真家协会奖（"年表"，第 111 页）。滨谷浩在 1960 年成为著名的玛格南图片社成员。一个历史细节是，摄影评论家金丸重岭（1900 ～ 1977）有意将《雪国》推荐为"艺术作品文部大臣奖"，滨谷一口回绝："我不想从文部大臣手中领奖。"（"滨谷浩的五十年"，载《注明日期的摄影论》，西井一夫著，青弓社 1981 年初版）

研究者指出："对于战争责任，从摄影家自身听到的（反省）声音，仅有二人"，即渡边义雄与滨谷浩（《战后摄影史》，岸哲男著，每日新闻社 1974 年 8 月初版，第 18 ～ 19 页。作者战后曾任《"每日新闻"摄影》杂志主编）。滨谷在战后说："1941 年经木村伊兵卫推荐进入东方社摄影部。……不久开始制作谋略宣传。也干过将欺骗国民的伪造摄影制作成报道稿的事情。为了打胜仗，完全不顾摄影的真实性。正因为人们相信摄影的真实性，所以摄影技术的欺骗能力也更强。"（《摄影艺术》1962 年 5 月号，转引自《战后摄影史》，第 18 页）

1956 和 1957 年，有第一、第二次日本文学家代表团访华。非专业摄影的团员们拍了许多照片。后经摄影名家木村伊兵卫、渡边义雄和田村茂选编，1960 年 3 月在东京银座的"富士胶卷沙龙"举办了影展。当年 10 月每日新闻社刊行作品集《影集 文学家看到的现代中国》。

《我见到的中国》
影集封底。

原题：北京的胡同。出处：与下
页照片均来自《我见到的中国》。

原题：北京的书市。

原题：小脚布鞋鞋襻的摊贩 广州。
按：远去的街头风景之一。

原题：国庆阅兵练习的队伍和老人 北京。

影集封面局部。

文学评论家青野季吉 (1890 ~ 1961) 的一枚照片。自书说明如下：天桥市场的一角。在古老不变的
支那（按：原文如此）(氛围) 中，一位老人在饮茶。随意摄入。摄于 1956 年 11 月 14 日。

　　文学评论家十返肇（1914～1963）有三枚照片。青野与十返是
两代人。前者战前即开始活动，经历曲折，语存遗风。后者是战后登场，
颇有锋芒却很早过世。不过映入两人眼帘的风景颇为相通。硝烟散去，
平和归来。古老、安祥、不变、市井……十返在影集后留下的感言
中坦言：留存至今的古老风景更让我向往，特别是苏州的水乡风情，
不知为何，深被打动。虽然我平素对风景毫无兴趣，只关心人们。
在中国，自然风光却更吸引我。笔者认为，对十返的看法点头或摇
头似不重要。无妨指出，这是生于战后的思路，怀有从容，走向平视。
在很多专业或业余的镜头里，都能看到这种姿态。

　　战后初期部分摄影家开始正视战争惨剧，比如不动健治。
在他主持编辑的系列读物《画报近代百年史》（日本国际情报社
1952～1956年刊）有题为"南京虐杀"的照片和解说。所用照片

明十三陵。

原说明：小巷流水。
这条河水流清丽。
美丽的水城。眺望
小巷胜于参观名胜。

原说明：苏州的河流。
让人想起日本的某处
水乡。充满静谧，祥
和的自然之感。按：
均摄于1957年。

《画报近代百年史》1952 年刊封面。　　　　　《外交官的一生》封面

正是不动当年在南京所摄（载该画报第 1937 ～ 1940 年，1952 年刊）
杂志刊行本身也提醒人们，右翼分子所谓南京大屠杀是起于近些年
的说法，是无视历史事实。1937 年时任外务省东亚局长石射猪太郎
（1887 ～ 1954）战后以当年日记为据写下了回忆录《外交官的一生》
（读卖新闻社 1949 年初版，太平出版社 1973 年 7 月增补版，中央
公论社 1986 年文库本初版）。书中有这样一段："年末攻陷南京。
跟随我军回归南京的福井领事电信报告，继有上海总领事的书面报
告至。让我们慨叹不已。（因有）南京入城日军对于中国人的掠夺、
强奸、放火、屠杀的信息。宪兵人少，不敷管理。（以上）1938 年 1
月 6 日日记。"

《画报近代百年史》1952年刊收载的照片和解说。

　　"上海来信。南京我军暴行详报来。掠夺、强奸难以入目之惨状。呜呼，此我皇军乎？日本国民民心之颓废矣，严重的社会问题。来自南京、上海的报告中，最令人注目暴行的首谋者之一是原律师某应征中尉。令部下将女性弄到宿营地施暴，如恶鬼一样肆虐。这就是被称为圣战，被称为皇军的形象。我在当时将此事件称为南京，因为比暴虐的汉字更能表达合适的语感。"（同上书，文库本第332～333页）1995年刊行的《南京大虐杀》影集以上引石射的文字作为代后记。并写道，石射猪太郎氏晚年受洗，以基督教徒身份度过余生。

　　敢于说出历史真相的人们始终存在，然而，发声和坚持发声在被称为民族主义国家的战后日本仍然艰难。较早的例子。1957年3月，出版社光文社刊行以抚顺监狱战犯日本战犯手记为内容的《三光》

《写真集 南京大屠杀》①封面。日本基督教徒之会刊行会1995年4月刊行。

一书，发行20天就售出5万册。不过马上遭到右翼的攻击，理由是"晒日本人的丑事"，光文社不得不"中止"发行。另一方面，抚顺监狱出狱人士回国后就被列入政府公安调查厅的监视对象（参《朝日新闻》2017年2月10日与13日"报纸与宪法第九条"连载第408、409回，作者上丸洋一。又参《毛泽东的日本战犯审判》，大泽真司著，中公新书，中央公论新社2016年11月初版）。上述《写真集 南京大屠杀》的推荐者，名作家森村诚一（1933～）当年在得到原731部队成员愿意帮助调查的来信后，没有

考虑能否发表就开始了调查。结果推出了《恶魔的饱食》一书（光文社1982年初版）。右翼们以使用照片有误为口实（按：这是惯常的手法），将大批宣传车开到了森村家门口。石头扔了过来，玄关被涂上红漆。威胁电话也来了。抗议信上写的是"卖国贼，去死吧！""天诛卖国贼"。森村只好求警察保护。友人给森村买来10万日元的防弹背心。森村坦言，"真害怕啊！"记者问他，已经获得了畅销作家的地位，为何还要书写易受攻击的黑暗过去呢？森村回答，希望探索战争与人的关系，"战争很容易把普通市民变成恶魔"，作家应该直面问题而不是回避（参《朝日新闻》2015年5月30日对森村的专访）。手无寸铁的作家仅想探究真相，然而谈何容易！

---

① 该写真集和国内涉及南京大屠杀的图集引用的历史照片不少出自《我的从军 中国战线——村濑守保写真集 一个士兵的拍摄的战场记录》，日本机关纸（按：机关报）中心1981年初版。

从 1960 年代开始，日本出现"老照片热"，一直持续到 1980 年代。《周刊朝日》从 1974 年 10 月起开辟题为"从我家的这张照片看日本百年"专栏，到第二年 12 月共刊载 50 期，成为老照片活动的亮点之一（参《日本摄影全集》第 12 集附录"日本摄影大事记"，第 89 页）。与中国有关的老照片是大宗。可分为三种类型。第一、旧刊新印新编及未刊照片新刊。前者有渊上白阳等人的《北京》、《满州》和《哈尔滨》等。后者如第三节最后介绍的饭山达雄的三类作品以及桑原甲子雄的《满洲昭和十五年》（晶文社 1974 年刊）、饭田铁太郎的《满洲旅情——1938 年夏》（sunpai 公司 1981 年刊）等。第二类是旧日本军各种战友会的纪念图文集。第三类主要是民间编印的中国图文集，其中东北地区的老影集最多。随着中国进入改革开放时期，很多曾经在东北地区生活过的日本人重回故地。众多图文集应运而生。多取新老照片汇于一册的形式，老照片部分取自昔年出版物，不少是首次公开的私人之物。第三类因为出现时间较晚，留待下一节叙述。

渊上白阳编《满洲的回想》（1958 年 5 月初版，1966 年改订版）和《哈尔滨的回想》（1965 年 11 月初版），铃木重吉编《北京的回想》（1968 年初版），均由惠雅堂刊行，该社社长麻田平草是当年满洲摄影同人之一。

此系列刊行于日本经济起飞之时，开本阔大，制作讲究，堪称豪华也不为过。《满洲的回想》还有时任首相岸信介等多位名人作序或感言。岸信介序言不长，迻译如下：

（当年的）满洲开发现作为中共的国家事业被再度启动，彼处人民的福祉似乎正在日新月异地得到增进。

就此意义可以相信，我们和我们祖先的遗业，正在现实的东北地区开发中被充分利用，收获成果。能为超越国境，不分人种，为亚洲民族的繁荣带来一点帮助，感到无上欣喜。这就让我们体会到，对过去各自从事的满洲开发，

《北京的回想》封面

岸信介序言

　　对风土的怀念绝非毫无意义。仅此而言，与满洲的自然或景物，往时的开发事业一样，在曾居住于斯的人们那里，确为人生中难忘一页也。

　　　幸运的是，近期从曾在满铁的原参议员北条秀一君处闻知同为满铁职员的渊上白阳、宇野木敏君刊行摄影集，将彼处风土、各民族生活贵重影象公布于世，对此感到由衷的高兴。

　　岸信介作为曾在伪满洲国活动的大员，有其明确的观感角度。自然，对于当年以及与战后日本的关联，后来的研究者有不同的视角。

　　"他们是满洲实际的统治者，却连最低限度的责任也未履行。多数人逃离活命，享受战后的和平。……通过满洲痛感的是，生者雄辩地讲述过去，而死者只有沉默。历史应该站在无名的死者一边。"（《移

民的"满洲"》，二松启纪著，平凡社 2015 年 7 月初版，第 162 ～ 163 页）

第二类怀旧。基本出自各种战友会（原日军官兵的联谊组织，均按战时部队系列建立）的图文集。据昭和史研究家保阪正康（1939 ～，日中文化交流协会常务理事）的研究，战友会全盛时期，各种组织在 650 个以上（参《战场体验者——沉默的记录》，保阪正康著，筑摩书房 2015 年 7 月初版。初为杂志连载"战场体验者的记忆与记录"第一回，《筑摩》月刊 2013 年 9 月号）。图文集有很多

《战线回忆——第一联队写真集》（精装套封）。

原说明：在清华大学校园里聚餐的乃美队（第三中队），昭和 13 年（1938）2 月。出处同上。按：乃美队是保密称呼。

原题：第四中队于横沟桥切断粤汉铁路1938年10月27日。右边附有当年军歌：万难来袭时，一笑而择之。气势如贯长虹，正是钢铁联队⋯⋯出处：《战线回忆——第一联队写真集》。按：第四中队即第四连。

另一本怀旧老照片集。《岚六二三部队写真集》（国书刊行会1979年6月出版）。封面套封胶印，12开。代号岚六二三部队即陆军第109联队。

原说明：常德攻略战后昭和18年12月2日常德城内。吉川伍长（联队长身边的下士联络官）胸前挎着联队长的遗骨从硝烟未尽的城内撤退。联队长布上于11月23日战死于常德城外。出处：《岚六二三部队写真集》。按：战后刊行的日本战史中关于布上大佐战死的叙述（依据该联队第一大队长铃木兼雄日记而成的手记）如下：11月23日13时左右（部队）进抵沙港北侧地区，攻击外围阵地。但是敌方顽强抵抗，我方续有死伤。于是16时30分，布上联队长召集两名大队长，再次部署以本日17时为期突入敌方正面阵地。不久，敌军迫击炮弹直击联队长坐骑，布上联队长和联队作战股长田原弘夫中尉战死。（《昭和十七·十八年的支那派遣军》，第八章 常德歼灭作战 朝云新闻社1971年5月初版，第498页）。常德之战异常激烈。11月25日，日军第6联队长中田大佐亦在此役中战死（同上书，第504页）。

原说明：彭泽陆军墓地。出处：《岚六二三部队写真集》。

左为国书刊行会刊行的各部队摄影集系列读物的广告。共13种。均刊行于1980年前后。其他出版机构也刊行过类似读物。由原日军战友会的自行编发的有关书籍则更多。

《鲁南回忆－二二四机场的足迹》，即为自行编发的一种。

《抗日战·活着的证人——三留理男发自中国的报告》和《中国·摄影报告（写真报告）》（主妇与生活社1972年11月初版）。

老照片，不见血腥的杀戮场面，耀武扬威的镜头很多，如高呼"万岁"的场面。与战事的画报相同。见得多了，有时想，分类研讨乃至汇编有关内容，其意义也许不止翻阅这些厚厚的老照片集。

1960年代，许多地方报纸，如《岩手日报》、《河北新报》、《福岛民友》、《上毛新闻》、《千叶日报》、《大分合同》、《熊本日日》等，连载当地组建联队（按：日语称乡土部队）的战史，最后形成单行本。作家高木俊朗（曾作为陆军报道组员到过中国和缅甸）在《朝日新闻》撰文批评说，读后感是有些地方称赞乡土部队的勇敢战斗，流于夸耀。文中散见的玉碎啊，壮烈泣鬼神啊，护国之鬼啊一类记述，让人感到不安（"报纸与宪法第九条"连载第419回，作者上丸洋一，载《朝日新闻》2016年2月27日夕刊。按： 夕刊即晚报）。

1971年6～7月，《朝日新闻》记者本多胜一（1933～）访华，回国后在《朝日新闻》晚报以"中国之旅"为题发表系列报道（自8月至12月，共40次），揭示了包括南京大屠杀在内的日军罪行。后结集由朝日新闻社在1972年出版），引起很大反响。摄影家三留理男（1939～）1972年来华采访。

三留的名作《三里冢·燃烧的北总台地》（封面），新泉社 1971 年初版。

《中国》封面。

　　对于战后日本摄影界的现实主义摄影潮流，从出现起有关争论就一直不断，在主张和支持这一倾向的人们当中，看法也不尽相同。但是，不少新一代摄影家关注普通人的生活，进而关注邻国乃至其他地区民众的生活的视线从来没有中断。不妨说，在三留理男及其一些同仁那里，中国题材的摄影是他们国内摄影活动的一种延伸。《三里冢》记录了自 1960 年代开始的一场社会运动，失地农民们反对兴建成田机场的前前后后。

　　1960 年代到 1980 年代初期，欧美人士的中国采访或观察，曾是当时日本人士的重要参考。摄影作品也不例外。如 1966 年 12 月朝日新闻曾以编号限量印制 2,000 部形式（笔者手头的为第 915 部），推出《中国——埃米尔·谢尔迪斯摄影集》日译本。8 开函装，定价6,500 日元。价格不菲，约合当时白领三天的工资。

　　1950 年 5 月日本写真家协会成立，木村当选为第一任会长（任

木村伊兵卫的《中国之旅》封面，朝日新闻
1974年刊。也是他最后一本摄影作品集。

田村茂《西藏》（研光社1966年初版）
封面。1965年7月访问西藏的作品集。

职至1957年）。1956年日中文化交流协会成立伊始，木村即出任常
务理事。1957年、1965年和1973年三次访华（摄影成果均收入《中
国之旅》）。木村去世后，以他名字设立了日本战后第一个摄影奖
项——木村摄影奖，用于表彰年轻的摄影人。

　　田村茂（1906～1987），战前开始摄影活动的老摄影家，曾任日
本现实主义摄影组织副议长。1946年参加日本共产党。摄影作品集
有，《现代日本百人》（文艺春秋1953年初版）、《越南北方的证言》
（新日本出版社1967年初版，1967年获日本写真批评家协会奖·特
别奖），《わがカメラの戦後史（我的战后摄影史）》（新日本出版
社1982年初版）等。战后曾五次访华。与此同时，战后崭露头角的
年轻摄影家走进中国大陆。斋藤康一（1935～）和英伸三（1936～）
等人参加了1965年第一届日中青年友好大联欢。篠山纪信（1940～）、
富山治夫（1935～）和北井一夫（1940～）等人1973年随木村伊兵
卫率领的摄影代表团访华。年轻一代的镜头里留有许多普通人的日
常生活，如斋藤那里的长沙街头茶水摊和小人书书摊。篠山纪信多

年后回忆"文革"时期访华逸事：木村伊兵卫曾经告诫我，在中国有的可以拍，有的不能拍。我就对准摄影对象连续按下快门。结果留下了真实的表情。因为无论对象多么严肃，也会在瞬间露出"真面目"，我就连续按下快门。结果留下了真实的表情（参《眼睛的欲望》，篠山纪信、大冈玲合著，每日新闻社 1997 年 10 月初版）。

三　千姿百态结队来——1978 年以后

改革开放打开了中国大门，也使得众多的境外摄影师终于进入了这块也许是最后兼最大的"空白"摄影世界。人数最多的仍是日本人士。几乎所有摄影名家都踏上了中国大陆。意义和影响不同从前，佳作和佳话很多。正式出版的摄影图集，仅笔者收集的就有近百种，自费出版的更多。题材之广泛，涉及地区之多，可以说是如行山阴道上，令人目不暇接。从容、细致地描述改革开放以后的众多作品，是另一本或几本书籍的课题了，以下只是一个极为粗略的勾勒。

久保田博二（1939～）花了 7 年时间（1979 年春～1985 年春），走遍拍遍大陆所有省级行政区，累计逗留时间超过 1,000 天。使用胶卷超过 20 万卷（久保田作品集《中国万华》后记）。久保田博二是玛格南图片社成员。2014 年为该图片社驻日本代表。中国题材影集有《大河奔流——中国的风土人情）》（艺文社 1981 年初版，获1981 年日本写真协会奖）；《中国·悠久的大地：五千年的历史行走》（尼康沙龙 1982 年第一版）；《中国万华》（TBS 大英百科出版社1985 年初版，29×30.5cm）。《中国万华》说明称：（本书为）日本和美英德法五国的联合出版物，"可谓七年中国摄影采访的一个总结"。从 20 万张底片中精选 186 张编辑而成。每张照片均有详细的文字说明。有一则这样写道："安徽的小保姆到北京月收入 40 元，干十年攒上钱就可回老家结婚。"久保田感叹："社会主义中国竟然有保姆存在，让人感到意外。"三十年后的今天，中国年轻人如

《中国万华》封面

果看到久保田的"意外",是否感到另一种意外？久保田自序中写道：万里国土 1000 天。从"为人民服务"的口号到服务差劲的服务员；从惊叹于藏族民众的"五体投地"到沈阳集体婚礼的（庞大）参加人数；从作为外国人第一次获得空中摄影（桂林）许可到冬日入住黄山，早起时须靠古井大曲驱寒，最使他惊叹"中国真辽阔"的体验是同为一月份，三亚见到的是赤脚的渔家姑娘，黑龙江大庆则是零下 35 度下的凿开冰窟窿捕鱼……

　　《桂林梦幻》和《黄山仙境》（岩波书店 1982 和 1985 年初版）。均为八开精装，都采用诗配图排列形式，别具一格。全幅铜版胶印。承印商便利堂是以精品彩印著称的老牌公司。最新影集是与中国摄影家合作《到访·还乡——久保田博二·蔡换松潮汕民俗摄影集》（中国图书出版社 2012 年 9 月第一版）。在近年接受记者采访时，久保田说，给中国人看了自己在 1980 年代的中国题材摄影，人们都说令人怀念。现在致力于整理迄今为止的摄影资料，准备出版最后的摄影作品集（《产经新闻》2014 年 2 月 14 日）。

中国美术馆早在 1981 年 1 月就举办了久保田的中国摄影展。

与全景展现中国的久保田相比,山岳摄影大家白川义员(1935～)不遑多让,同样付出艰辛努力,从 1981 年 2 月开始历经四年,五到中国(最长一次为 1983 年 2 月至 7 月),进入 19 个省区,用白川本人的话,其中 99% 是当时的未开放地区。初到西藏因身体不适患病,高烧数日,在珠峰摄影时几次摔倒……最后白川拿出了两大册《中国大陆》(小学馆 1984 年 8 月和 9 月分别出版)。照片场面雄伟壮观。影集装帧到文字部分编排在今天仍可称为超豪华版。尺寸 41×31cm,精装双层函装。上册序言为贝冢茂树和夏衍,下册为井上靖和周扬所作。夏和周的序言均附中文原文。周扬序言中引用老友井上靖的赞语:"白川的作品把山的恬静,山的呼唤,山的悲哀,山的孤独都刻画出来了。"白川称来华之前,已经去过 133 个国家,拍过众多的名山大川。他在下册后记中写道:"我去美国,没有打算拍摄纽约的高楼或芝加哥的黑手党,是拍'永远的美国'。同样,拍中国,也是拍'永远的中国'。"也许正因如此,书中的 162 枚照片(上下册各 81 张,从拍摄的 16,800 张照片中选出)中没有出现人物。最多就是远处草原上宛如沙粒般的羊群和牧羊人,或是太湖里的几片白帆。

也许,百花齐放的小型制作让人有更多更细腻的感受和更长久的记忆。如刊行较早的《你好小朋友——秋山亮二摄影集》中日文双语版,1983 年 4 月樱花胶卷爱好者俱乐部刊。时任中国摄影家协会主席徐肖冰与日本摄家协会名誉会长渡边义雄作序。这是秋山亮二(1942～)1981 年 10 月到 1982 年 6 月数次访华摄影的结集,摄入镜头的都是各地的孩子们。今日观之仍可感受到温和的视线。

佐田雅志(1952～)是风靡一时的歌手,乐事报道人,电视艺人和小说家。岁月流逝,在日本和中国,关于 1980 年佐田与中国之缘,似已少为人知。当年他的个人事务所与央视合作拍摄大型纪录片《长

《中国大陆》影集套封封面。

江》（战前在华的佐田之父担任总策划），这是第一次以长江为主题
的纪录片。摄影文集《长江·追梦之旅》（上下册，文库本，集英
社 1983 年 5 月初版）是合作的副产品。据《日本中国友好新闻》（日
中友协机关刊）2007 年 5 月 15 日号等信源介绍，因为缺乏经验，青
年佐田在拍摄前后投入资金超过 35 亿日元（顺便提及，前述白川义
员称，因在华摄影花费超过 1 亿日元，最后只得放弃青海省的摄影），
虽然纪录片在日本引起轰动，东宝电影院线破例在所属 120 家影院
上映《长江》，但最后仍留下 28 亿日元的巨额赤字。以后佐田走上
了以举办个人演唱会的还债之路。到 2010 年举办演唱会超过 4,000
场，创造了日本演艺界的纪录，也终于还清了所有债务。

2002 年 11 月，笔者参观青年摄影人斋藤亮一《最后的中国》
摄影展（新宿尼康沙龙）时，他坐在展室入口附近。我冒昧地问他：

既然以城市开发为主题，为何仅拍重庆、贵州这样的内陆城市，不去北京和上海？斋藤立即回答：上海和北京已经有很多人在拍了，所以我往里边跑①。青年女摄影家伊藤真理 12 岁以前，跟随派驻欧美的父亲生活在海外，甚至不会说日语。回国来后供职著名证券公司，在泡沫经济全盛时期，别人看来，她属于英语流畅，收入稳定的海归一族。可是，也许对公司文化难以适应，也许更喜爱游走四方，作者利用休假来到云南，并且开始学习汉语。以后干脆辞职，摄影主题从孩子变成了猪娃。她的作品《云南的猪娃》和《云南的猪娃和人们》（1998 年 JTB 公司初版）。获日本《太阳》杂志 1997 年度太阳奖，该奖被称为青年摄影家的"登龙门"，意味着被摄影行业认可。伊藤在接受访谈中笑谈，获奖后日本国内畜牧业和农业报刊来找她拍摄杂志封面或广告。自认为是云南题材摄影家，但实际上被视为"养

① 1980 年代以后刊行的北京、上海题材的摄影图集数量很多。至少有：1）斋藤康一的三部曲《1984 年苏州》、《1991～1992 上海》和《1995～1996 北京》。2）《上海纪闻》，中川道夫（1952～）摄影撰文，黑白摄影，美术出版社 1988 年初版（1985 年 1988 和在新宿尼康沙龙举行过题为"上海物语 1"和"上海物语 2"的摄影展），1989 年获得第一届"写真之会"奖；《上海双世纪 1979～2009》（岩波书店 2010 年 6 月初版）。3）《流星上海 1985～1994》，丝川燿史（1934～）摄影，中岛腊茂撰文，双叶社 1995 年初版。摄影与短文混搭作品。4）《上海人》，高门富士男（1960～）摄影撰文，光琳社 1997 年 10 月初版。作者在后记中写道：在上海街头徘徊，像是未来之旅，又像是迷失在过去，一种奇妙的不安袭来。5）《上海》，山内道雄（1950～）摄影，1995 年私家发行。6）《邻人即他人》，北山孝雄（1941～）摄影，1993 年印行。1993 年游走北京（5 月）、上海（6 月）与香港（7 月）的结集。北山与名建筑家安藤忠雄是双胞胎（安藤为兄）。7）英伸三夫妇的"江南摄影"系列：《上海·放生桥（的）故事》，摄影文摘社 2001 年 3 月初版；《上海天空下》，日本摄影社 2006 年 3 月初版。按：个人感觉，英伸三 1960 年代举起相机时，镜头一直对准了日本普通的农村、工厂和劳动者的生活场景。来到中国，大概只是地域的不同。8）《1990 年代·北京》，北井一夫摄影，冬青社 2004 年刊。9）《古都北京：那天 那时》，伊藤光雪（1939～）摄影，精装胶印，青贝屋 2007 年 10 月刊。
　　另外，有关东北地区和西部少数民族聚居地区的摄影一直是"热门"。其中呈现的视角和思绪有别于其他地区的作品。
　　对于台湾和港澳地区的摄影作品似同样应该引起读者的注意。比如较近时期的永田幸子的三部曲：《澳门——葡萄牙的余晖》（1999 年刊）；《香港有轨电车之旅》（春阳堂 2004 第一版）和《香港雀仔街——再生之地》（2007 年 7 月第一版，2008 年 11 月第二次印刷）。濑户正人（1953～）摄影撰文的《槟榔》，2008 年 little more 公司刊。作者 2005 年来到台湾走访各地，拍摄槟榔女郎。2008 年由此获得日本写真协会年度奖。图集腰封上写着：女人们被彩灯照射，与光线同辉，也许正是吸收这一能量才能生存。

猪题材"的专业摄影（参作者博客）。

唐诗和三国演义，或曰中国古典文学，也能在来华摄影人那里形成一个多彩方阵：摄影图说。一般是选用古典诗词或小说的"产地"摄影。山口直树（1950～）应是代表人物之一。他在大学学了六年中文和中国文学，1979年走上以中国文学和中国史题材的摄影之路。开始为诗集配照片。如《NHK汉诗纪行1～5》（日本放送出版协会1991～1996年），《汉诗之旅》1～5集（世界文化社2007年初版）。后来逐渐变为自己独自完成选诗、配画和撰文，并开始将摄影拓展到中国史领域，并出版了许多作品。如学研社图说系列之四《杜甫》（学研社1995年4月初版）、之五《李白》（学研社1997年4月初版）、之六《白乐天》（学研社1996年5月初版）、《李白 杜甫》（学研社2011年8月初版），《三国志行走——诸葛孔明篇》（井波律子文，山口直树摄影，新潮社1995年初版）、《三国志行走——三国鼎立篇》（山口直树撰文摄影，世界文化社2006年初版）、《中国史的风景》（实业之日本社1999年12月初版）、《中国世界遗产之旅》（小学馆2003年9月初版）、《图说 汉诗的世界》和《图说 史记的世界》（河出书房新社2007年9月初版与2010年9月初版）。作者感慨道：要选取富有历史感的场面，又要避免将现代化的物体哪怕是电线进入镜头，并不容易。而越到近年，新的建筑物日益增多。拍摄时煞费苦心。

蒸汽机车（日本习称SL）摄影是日本现代摄影中的"异类"。作为蒸汽机车大国，中国自然不会被日本的"铁粉"（按：蒸汽机车迷）放过。改革开放伊始，日中合作出版过16开五册本《中国铁路之旅》。其中一些老车站的风景，如今已经消失。1980年代，铁粉们陆续进入中国，从东北到西北，再到近年"走红"的四川芭石铁路，都留下了脚印。已刊图集中，笔者收集到的就有五种：1)《中国汽车浪漫——兰新线·乌鞘岭至天祝》（野村和广等摄影撰

《中国史的风景》封面　　　　　　　　　《中国铁路之旅》封面

文,1989 年刊);2)《大陆的机车浓烟》(高野阳一　古谷邦雄合作摄影撰文,1992 年刊);3)《万里长龙铁道》(村井摄影,精装,新风舍 1996 年刊);4)《火车走向消失的中国蒸汽机车》。小竹直人摄影撰文,东方出版 2003 年 8 月初版;5)《中国最后的蒸汽机车摄影指南》,小竹直人摄影撰文,世出版 2004 年初版。按:小竹直人 1990 年以后一直致力于中国 SL 题材,收官之作是《中国最后的火车》(2012 年彩流社初版)。他在后记中写道,(开始)中国朋友对他投入ＳＬ摄影的热爱大惑不解。不过,看到今日中国铁道摄影迷的作品,也让自己有了一种隔世之感。

　　战后,大报《每日新闻》和《朝日新闻》分别从本社仓库里发现了大量战时的"不许可"照片。并陆续公之于世。《每日新闻》在 1970 年代～1980 年代中期,陆续刊行 16 开系列图文集《日本的

战争》系列（其中《日中战争》全四册）、《不许可写真史》、四
册本《日本的殖民地》等。朝日新闻则在 2009 年 4 月出版 12 开图
文集《朝日新闻"秘藏写真"述说的战争》。其他杂志也有类似做法，
如《历史读本》杂志 1989 年推出特别增刊《未公开写真里的日中战
争》，同时刊登一组学者反思分析文章。如"日中战争的教训"（色
川大吉撰）、"日中战争的战后责任"（野泽浩撰）、"（战时）国
民是如何受到信息操纵的"（福岛铸郎撰）等。

《火车——走向消失的　　《朝日新闻"秘藏写真"　　每日新闻社刊《不许可
中国蒸汽机车》封面　　　述说的战争》封面　　　　写真史》封面

每日新闻社刊《日中战争》封面

一种结语或不是结语

近代百年，邻人留下了巨量的中国题材照片，侵略战争给摄影活动打上了难以磨灭的印记。或积极、或胁从、或彷徨，甚或振臂指导乃至命丧他乡……浊浪排空，连本属考古专业研究的摄影，业余爱好的摄影也难避免尴尬的境地。图片本身和图片背后，是众多人生轨迹的展现。对那个时代的图像，很难用普通摄影史的角度视之，但意味着恰恰更加需要理性的分析。仅从本书的引用也可看到，战后日本研究者已经做出努力。

大江东去，菲林重生，对战后日本摄影史潮流的演变已经有各种研究。一种看法认为："在三井争议和日美安保条约缔结的 1960年，土门拳等'战中世代'也参加游行示威表达了反对的意愿。不过学生等年轻人发出异议的浪潮。摄影杂志也出现'名取（洋之助）东松（照明）论争'那样的意见交流，表示异于上一代摄影家价值观的主张。年轻一代摄影家在否定既有观念（的行程）中走向否定战时延续下来的'报道摄影'，并且超越'社会现实主义'，不久转向着重于记录内在世界的私人纪实パーソナルドキュメンタリー（personal documentary）。"（《报道摄影与战争》，第 451 页）战后中国题材的摄影，数量之多，内容之繁，都远超其他国家。对这一题材摄影的特征和意义，似尚未见到较为系统的评价。笔者管见，由于历史和现实的诸多因素，中国题材摄影呈现出较多的社会性或报道性的色彩，这些都与日本国内题材摄影有所不同或者明显不同。战后至少到 1980 年代初期，从中国题材摄影里容易见到日常的城乡生活场景，有时也许不得不说，这是我们亲见亲历，而又较少留下镜头的场景。不过，摄影者中多有战时从军摄影经历，对战争也未见得人人反省。社会层面也缺少反省的普遍要求。1990 年代以后，身处摄影走向平民化、娱乐化的大环境，中国题材摄影在数量和涉及范围上，仍然多于其他国家。《散点透视》（1998 年初版）是摄影名家稻越功二（1942 ～ ）中国题材影集的标题，也许可以用来说明 1990 年代以后同类题材摄影的特征。国门初开的高潮过去，虽然不少作者是日本写真家协会会员，总的倾向是名家渐隐，平民登场。摄影题材更加广泛，作者心态更为放松。以往的人文庶民视线依然延续，而以传统的理路观之，有些作品似无明确的支点。热望直视、游走一瞥，冷眼旁观的例子都不难寻觅。有些城市题材摄影与中国同行的视线出现了交融（比如上海题材）。这种变化会让一定年龄以上的观者发出感叹。能够说的或许是，这是一片五光十色的摄影天地，也是一个有待开掘的认识领域。

这就涉及笔者在书写中慢慢升起的另一项思绪：中国读者视线中的邻人目光。一般而言，战后摄影人考虑的对象是日本读者，即使回顾历史的老照片集也不例外。菲林百年，邻人目光中从最初的眺望，到眺望与硝烟的交织，再进入血腥的战争，从长时期军方管制下的"短剑"转化到战后和平年代里的注视。这种根本性的转化不见于其他国家中国题材摄影。不能不在阅读中细细区分。这又连接着另一个诘问，区分固然必要，但细化到个别，如战前各类来华摄影的具体定位，如同一作者的前后作品，有时仍然难以给出划一的判断，那些风景名胜和街区日常的画面，在多大程度或何种角度上可以接受或不能接受；即使接受，也需要考察背景因素，而这种考察如何达到知人论世？物转星移，和平归来。后来人没有战争经验的"负重"背景，很多人称道友好，而的确也表现了友好，不过，社会和文化背景的种种不同，投向中国的视线不会也不可能与国人完全一致。中国读者在阅读时能否排除或在多大程度上排除感情因素？如何避免简单的赞同或简单的反对？

日本摄影界有多种奖项。前述木村伊兵卫奖出现最早，每年颁发，一般评价较高。2013 年年度（第 38 届）获奖者是菊地智子女士（1973～，武藏野大学美术系毕业）。获奖作品名《I and I》。镜头对准的是中国社会中的易装群体。2013年4月23日～5月2日举办了当年木村奖的摄影展。日本媒体指出，菊地女士早期关注日本侵华战争题材，镜头对准的是遭遇性暴力的中国农村妇女，并于1999年移居北京。菊地女士汉语流利。近几年中日关系出现曲折，居住在中国的一些日本人士合著《我仍然选择居住中国》（阪急交流出版2013年初版），里面收有菊地女士的文章。有趣的是，同年另一位获奖者百百新（1974～），获奖作品《对岸》虽与中国无关，但他也有中国题材摄影图集《上海流儀（上海作派）》(1999年初版)。

菊地作品反映了当代中国社会一个较难关注或者较难启齿的部分。这可能是一种巧合，也许无须过度解读。也许，邻人关注中国本身就值得国人关注。冷静从容的关注。

历年日本摄影奖项
中国题材获奖作品一览

木村伊兵卫奖。1975 年开始，由朝日新闻社主持，该奖用于发掘和鼓励 35 岁以下的年轻摄影人。分为摄影奖与奖励奖两项。

○ 1988 年第 14 次木村奖

获奖者：宫本隆司。作品：《九龙城砦》（黑白摄影，1997 年平凡社初版）。

○ 2013 年第 38 次木村奖

获奖者：菊地智子。作品："Ｉ and Ｉ（我是我自己，中国的易装群体）摄影展"（黑白摄影）。

土门拳奖。为表示向土门拳致敬，每日新闻社从 1981 年设立主持，与木村奖同样，用于奖励中青年摄影人。又，土门拳本人自 1979 年进入"昏睡状态"（植物人）直至 1990 年去世。未参与本奖项评奖。

○ 1985 年第 4 次土门奖

获奖者：江成常夫。作品：《小孩的满洲》（黑白摄影，1994 年集英社初版，1998 年文库本）。

○ 2002 年第 21 次土门奖

获奖者：百濑俊哉。作品：《东京·上海》（2001 年西日本新

闻社初版）。1999 年在新宿柯尼卡中心举办"大上海"摄影展，2002
年在银座尼康沙龙举办"东京•上海"摄影展。

名取洋之助写真奖。2005 年开始运营，由日本写真家协会主持，
该奖用于发掘和鼓励 35 岁以下的年轻摄影人。分摄影奖与奖励奖两项。

○ 2006 年第二次名取洋之助写真奖奖励奖

获奖者：王晟阳。作品：《遠と近－上海の下町（远与近——
上海老城厢）》（黑白摄影）。

太阳奖。由《太阳》杂志社设立及运营。

○ 1999 年太阳奖

获奖者：伊藤真理子。作品：《云南的猪娃》（1998 年 JTB 公
司初版）。

林忠彦奖。"为纪念在战后摄影界留下很深足迹的林忠彦，山
口县周南市和财团法人周南市文化振兴财团于 1991 年设立"（参林
忠彦奖官网）。按：周南市为林忠彦的故乡。

○ 1992 年第 1 届林忠彦奖。

获奖者：后藤正治。作品名：《西域•丝绸之路》。

○ 1999 年第 8 届林忠彦奖。

获奖者：清水公代。作品名：《天空之民》。按：以云南独龙
族生活为题材，历时三年采访而成。

○ 2007 年第 16 届林忠彦奖。

获奖者：后藤俊夫。作品名：《黄土高原的村庄•满蒙开拓的村庄》
（朝日新闻社 2008 年初版）。

○ 2011 年第 20 届林忠彦奖。

获奖者：山内道雄。作品名：《基隆》。

附　记

　　本书初稿得到诤友老钱的鼓励；图片编辑得到发小老嵇的帮助；在诸多方面幸获出版社黄韬先生的悉心指教。申江秋月，皎皎明明。在此谨表衷心的感谢！

　　不言而喻，本书出现的问题，责任均归于作者本人。

图书在版编目（CIP）数据

菲林百年：邻人眼里的中国 / 齐一河著. —上海：上海三联书店，2020.6
ISBN 978-7-5426-6839-4

Ⅰ.①菲… Ⅱ.①齐… Ⅲ.①中国历史－史料－近现代Ⅳ.①K250.6

中国版本图书馆CIP数据核字（2019）第240439号

菲林百年：邻人眼里的中国

著　　者 / 齐一河
责任编辑 / 黄　韬
装帧设计 / 徐　徐
监　　制 / 姚军
责任校对 / 张大伟
出版发行 / 上海三联书店
　　　　　（200030）中国上海市漕溪北路331号A座6楼
邮购电话 / 021-22895540
印　　刷 / 上海承世印实业发展有限公司

版　　次 / 2020年6月第1版
印　　次 / 2020年6月第1次印刷
开　　本 / 640×960　1/16
字　　数 / 150 千字
印　　张 / 16
书　　号 / ISBN 978-7-5426-6839-4 / K·550
定　　价 / 48.00元

敬启读者，如发现本书有印装质量问题，请与印刷厂联系021-66552038